中小企業のための

社内研修の効果的な進め方

How to Effective Method of In-house Training for Medium and Small Sized Companies

株式会社ライズ
髙尾 英正

同文舘出版

はじめに

あなたは転校をしたことはありますか?

私は小学校で3回、高校時代で1回あります。

小学校時代、毎年転校したという先輩がいましたが、3回もなかなかいませんよね。

転校生って、ちょうど白い犬が40匹いる柵の中に、黒い犬が1匹入れられた感じで、「どの犬が噛みついてくるか、どの犬が味方になってくれるか」と気になって気になって。クラスの中はまるで1対40。もちろんイヤでイヤでたまらなく、人の目が気になって気になって仕方がなかったですね。

それを3回。

なんで俺だけ、なんて思いをオヤジにむけて結構ふてくされていました、当時は。

6年の転校時は数百人いる全校生徒の前で「転校生代表の挨拶」をさせられて、もちろん頭の中は真っ白で、クラスに戻ったらまたみんなの前で挨拶。今では何も覚えていませんが、転校=イヤなことで、人前で話すコツで「人を石と思え」とか「話に集中しろ」とか、小学生が知るよしもないし。

そんな時代から20年後、オブザーバーとして参加した3日間の管理職研修での一場面。
講師は60代ぐらいで学者のような方、受講者はオヤジと同世代の役員の方々5、6名。
その役員のお一人は、それはそれは当初から難しい顔で腕組みをされたままで、「なんで俺がここにいなきゃいかんのか」とでも言いたそうなオーラを出しまくりでした。それが最終日の目標をコミットメントする場で、感極まられて涙したのでした。人目をはばることなく。研修の内容は忘れましたが、その方の涙は今でも覚えています。
当時の私にとっては、オヤジが泣いたようなものです。

あらためて振り返ると、転校の経験から「人を見る目」が養われ、対人折衝力というか洞察力、そんなものが鍛えられました。

そして役員さんの涙を見たら「人はいくつになっても変われるもの」ということがわかります。

このことが今の研修講師やキャリアコンサルタントの仕事に大きな影響を与えています。

その講師を社内で養成することがこの本のテーマです。
講師に求められスキルは、見極める力と伝える力。

このスキルをいかに社内で育むことができるかが、大きなポイントとなります。

講師の仕事は人を相手にして、見えないもの（気持ち）を見えるもの（表情や言葉）で捉えて見極めること。

やる気は見えないようで行動によって見えるものです。

講師候補者が社内で研修ができるようになれば、本人も育成するあなたも大きな成果と喜びを受け取れます。

具体的な内容としては、1章で研修全般についての理解を深め、2章では、社内講師が求められる背景、どんなスキルが講師に求められるか、講師の選定から育成方法などまでお伝えします。そして3章では、講師のスキルを社内のさまざまな場で磨き上げる実践手法を学び、4、5章では、弊社が取り扱っているプログラムそのものを即研修で使えるように仕上げることをイメージしています。

本書には、弊社が10年かけて取り組んできた「研修」の考え方とノウハウが詰まっています。

儒学者貝原益軒は、「知って行なわざれば、知らざるに同じ」と言っています。

考え方は理解してもそれを実践できなければ、理解しないのと同じで時間の無駄です。

ぜひ、社内研修講師を養成し、デビューできるようコーディネートして下さい。

最後に

新型コロナウイルスにより世界が一変し、私の主戦場の研修事業も大きな打撃を受けましたが、Ｚｏｏｍの活用をはじめとしたオンライン研修が急速に進んでいます。研修講師としてはオンライン研修に対する対策も必要ですので、「講師に求められるこれから」をしっかりと捉えていきましょう。

中小企業のための　社内研修の効果的な進め方　目次

CHAPTER 02

社内研修講師養成プロジェクトを創る

CHAPTER 03

社内研修講師養成プロジェクト ステップ1 企画編

CHAPTER 04

社内研修講師養成プロジェクト ステップ2 基礎編

CHAPTER 05

社内研修講師養成プロジェクト ステップ3 応用編

本文ＤＴＰ／マーリンクレイン
装丁／春日　恵実

研修が
求められるのは
なぜか

CHAPTER

01

さて1章(CHAPTER01)は、そもそも研修とは何かということにはじまり、目的や種類及び今研修の場で起こっていることを述べていきます。コロナ禍では、非対面のオンライン研修が急増しており、さらなる活用も求められていますが、講師養成をしていくために外せない内容を盛り込んでいます。まずは講師養成の担当として理解を深めてください。

1 ▸ そもそも研修とは

研修とは何でしょう？　研修は「研ぎ修める」と書きますが、一言で言えば、仕事を行なう上で必要な能力を修得することであり、その場（勉強会や研究会、各種セミナーなど）のことです。会社における研修は、職場を離れて出かけて行く研修と社内で行なう研修があり、中身においては、セミナー形式で知識を得るものや課題解決のためのディスカッションやワークなど、さまざまです。

>>> 「セミナー」と「研修」の違い

セミナーは、「毎月お金が増やせる投資法」「副業のやり方、3時間で教えます！」「コミュニケーション力を上げる究極セミナー」などのセミナー名からもわかるように、あるマーケット・業界・一つの領域の専門家（講師）から新しい情報や知識を得たり、深めたりするために参加するもので、ほぼ聴く場です。だから一所懸命メモを取る人や、一方で寝ている人などをよく見かけます。あなたもこれまで、数多くのセミナーに参加されたのではないでしょうか。

一方「研修」は、仕事に必要な能力を得る場で、講師から質問されて回答を求められたり、グループディスカッションで発言を求められたりするので、参加者は「聴く」だけではなく、「発言」を求められるプレッシャーがあり、寝る暇はありません。研修名も、「なぜ働くのか?」、「あなたが考える理想のリーダーとは」、「あなたの職場の課題解決!」など、参加者自身や属する組織について問われ、考えさせられます。

また、研修で最も大切なことは、その場で知識を得たり、学ぶこと以上に、その場で得たり学んだことを職場で実践することです。この実践がなければ、「研修の成果が出ていない」ことになり、「時間とお金の無駄」から「研修は意味がない」ことになります。

>>> 研修講師に求められること

最近の研修は、グループワークやディスカッションが増え、研修講師はファシリテーターと呼ばれることが多々あります。

ファシリテーターとは、スムーズな進行、成果を出しやすい環境づくりから、参加者の合意形成やモチベーションアップ、課題解決への促進などをサポートするファシリテーションを担当する立場の人です。ですから、事前に準備した資料とタイムスケジュールに基づいて研修を進めて、テーマや狙いを押さえながら参加者から意見を引き出したり、テーマにそってまとめるスキルが求められます。ここは想定外なことが多く、さまざまなコミュニケーションスキルが求められ、その場でのプレッシャーはかなり高くなります。

>>> 参加者の意識

参加者の意識も、セミナーと研修では大きく異なります。

「セミナー」は、参加者の意識が高いところでスタートします。なぜかと言うと、前述のセミナー名から「お金を増やしたい」、「流行の副業って自分にもできるか？　チャレンジできるのか？」など、参加者の主体的欲求が高い状態ではじまるからです。ただし、セミナースタート時は、参加者の多くが意識は高いものの、講師の話し方や内容、会場の空気感などから積極性が保たれる方とそうでない方に分かれていきます。

一方、「研修」については、「自主的に研修に来ました」という方は多くて2割程度です。それは、テーマや狙いが、「リーダーシップを上げる」、「課題解決力を上げる」など、仕事の課題に直結していて、「できれば避けたい内容」が多かったり、通常業務の時間を割いているので「仕事が忙しいこんな時期に」とか、「何で、わざわざあらためてこんな研修を自分が受けなくてはならないのか」という方も多く、腕組みをしたり足を組んだりのけぞったりと、ノンバーバル（非言語）コミュニケーションでネガティブな雰囲気を放つ方がいる中ではじまるからです。

研修開始後は、講師の話を聞くばかりだったり、内容がわかりにくかったりすると雰囲気は上がりませんが、セミナーと違い、参加者に発言することが求められるので、人間が本来持つ「話したい欲求」が高まったり理解が深まると、研修の雰囲気もよくなり、参加者の積極性も強まり進めやすくなっていきます。

≫ 研修の歴史

「企業内教育の現状と今後の展望」（谷内篤博／経営論集第12巻第1号／2002年）によると、「戦後、アメリカより教育技法を導入することによりスタートしたわが国の企業内教育は、終身雇用を前提に企業固有の職業能力の習得を中心に展開されてきた。しかも、こうした企業内教育は管理職やゼネラリストの育成に向けた階層別教育に重点が置かれており、極めて画一性・同質性の強いものとなっている。

しかし、最近ではこうした画一性の強い企業内教育とは裏腹に、若年層を中心に仕事志向が強まったり、昇進に対する志向性も多様化しつつある」とあります。これは2002年の著作ですから、以降の研修もさらに変化してきています。ここでは、戦後の研修の歴史の入口の点だけお伝えしておきますが、ぜひ講師の方には、こういった「研修の生い立ち」を調べて理解しておいていただきたいものです。

① 研修とは何か、を一言で言えること
② 講師に求められることを意識する
③ 研修の生い立ちを語れるようになろう

2 ▶ 研修好きですか？

>>> 研修とは学ぶこと

研修という場は、さまざまな学びを得て職場で実践することを準備するところです。もちろん、実践しなければ何もなりませんが、まずは「学ぶ」ことを好きになる必要があります。

>>> 学ぶことを好きになる

講師になる方には、学ぶことが楽しいことと感じていただきたい。学ぶとは、知的好奇心を高めること。好奇心とは、珍しいことや未知のことなどに興味を持つ心とあります。そう、ワクワクすることですね。学生時代、勉強することが嫌だったという人も多いですが、学ぶことは成長することで、成長したくないという人はいません。では、どうすれば成長できるのか。これが学ぶことにつながります。

ここで、人間が持っている欲求「マズローの欲求5段階説」について学び、研修を好きになるにはどう考えるか、を人間の欲求から考えてみましょう。

「マズローの欲求5段階説」とは、心理学者のアブラハム・マズロー氏が、「人間は自己実現に向かって絶えず成長する生きものである」として、人間の欲求を5段階で表わした説です。もともと心理学で使われていたこの説は、マネジメントやマーケティングでも使われているので、研修を深めることにも通じます。

第1段階「生理的欲求」は、人間が生きていくための基本的・本能的な欲求、第2段階「安全欲求」は、安全・安心な暮らしがしたいという欲求、第3段階「社会的欲求」は、集団に属したり、仲間が欲しくなったりする欲求、第4段階「承認欲求」は、他者から認められたい、尊敬されたいという欲求、そして、第5段階「自己実現欲求」は、自分の能力を引き出して創造的活動がしたいという欲求です。

>>> 認めることを学ぶ

この5段階の4段階目「承認欲求」は、「人は他者から認められたい、ほめられたい」と思う生き物、というところから設定されていますが、最近リーダー研修でよく耳にすることが、「部下をどうほめればいいのかわからない」、「最近、部下をほめたことがない」という声です。

あなたは、部下をほめたことはありますか？　私が研修において、「最近部下をほめた方は？」と質問しても、なかなか手が挙がりません。「ほめる」ことについて、「会社という場がほめる場面が少ない空間である」と感じます。また、「ほめられたことがないので、ほめ方が

〈マズローの欲求5段階説〉

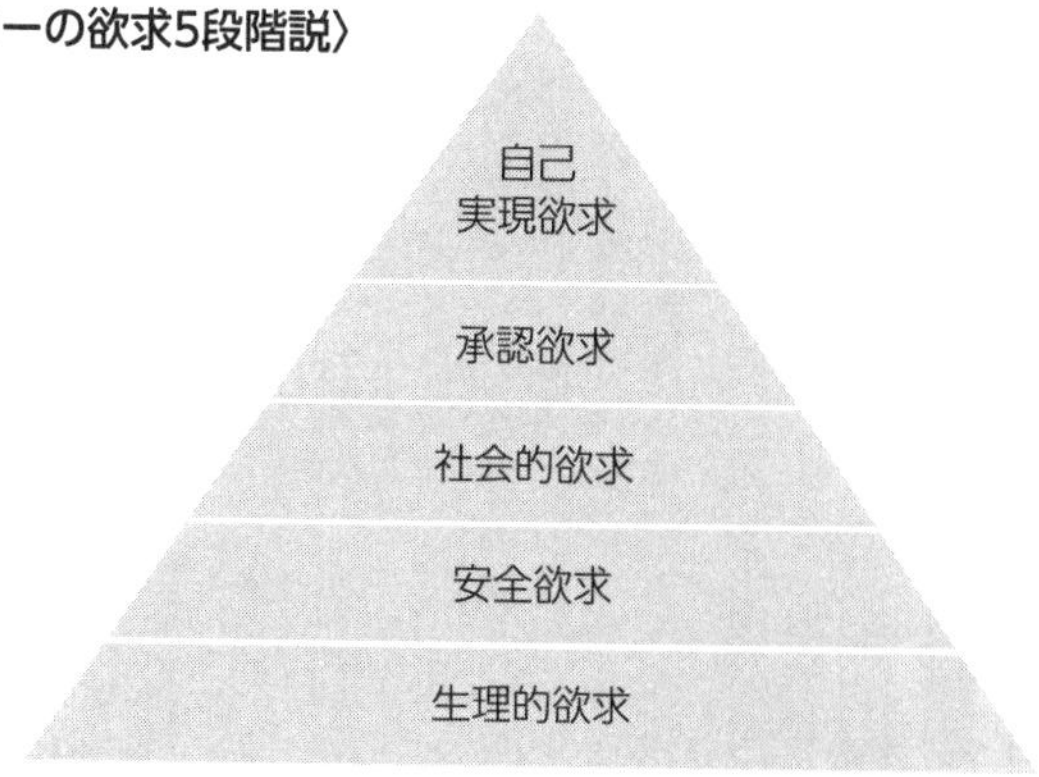

わからない」、「ここ1ヶ月部下をほめたことがありません」というリーダーもいます。

ほめるということは、「甘く優しい言葉をかける」ことではなく、「部下の仕事を見て成果を上げたときに認めること」です。上司として部下の仕事を見ていれば、「よくやった」とか「なんで、今回はうまくいかなかったんだろうか」と一声かけているはずです。成果を上げたときには、さらに高いところを求める期待や要望の言葉を投げかけ、一方失敗したり、達成できなかった時には、「なぜ、できなかったのか」という要因分析とともに、次回失敗しないようアドバイスしているはずです。結局、部下の仕事をしっかりと見ているかどうかにかかってくるので、最後まで細かく部下の仕事を見つめて、認めているかどうかがポイントとなります。

>>> 好奇心が成果につながる

学ぶには好奇心を持って取り組まなければ、効果は上

〈ロジックツリー　ダイエット編〉

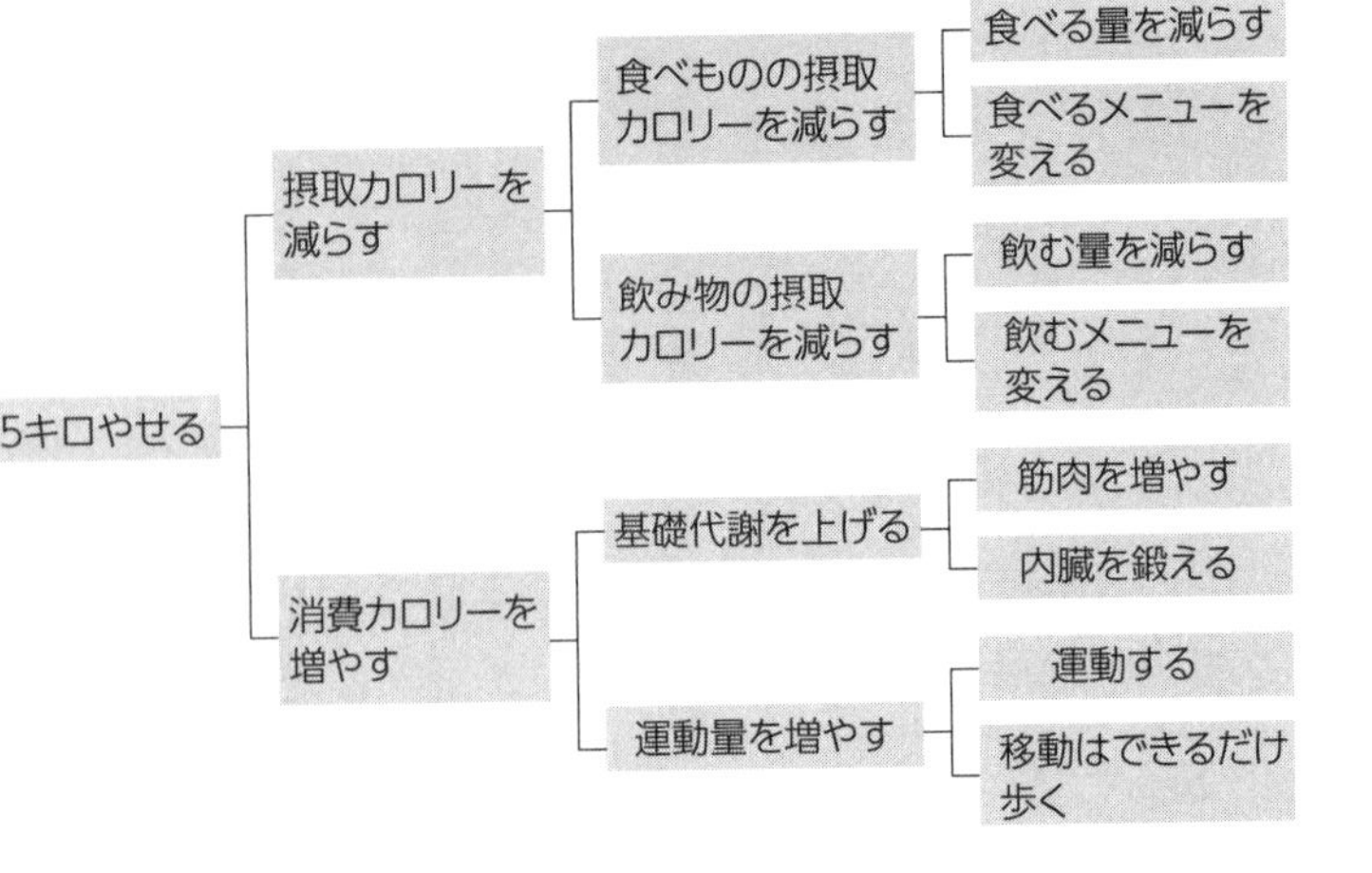

がりません。この好奇心が、仕事のパフォーマンスを高めることにつながります。

課題解決方法のひとつに、「ロジックツリー」という、問題をツリー（樹木）状に分解して整理し、その原因や解決策を探る方法で問題の根幹を考える理論があります。この理論の優れたところは、「解決策を具体化できること」、「モレ、ダブりを防げること」、「それぞれの因果関係を明確にできること」という点にあります。

たとえば、5キロやせるダイエットにチャレンジする場合、上図のようにカロリーを摂取と消費に分けて、その次に摂取を食べものと飲み物に分けて、消費を基礎代謝を上げることと運動量を増やすことに分けて、さらに細かく分けて……、というふうに落とし込んでいくと、やせるための具体策が右側に具体的に見えてきます。はじめはなかなか細分化できないので、思いつくことをポストイットなどにどんどん書いていくと、キーワードが出てきます。そうすると、ダイエットするために何をするべきか具体的な方法が出てきて、その後に、具体的方法の優先順位をつけていくと行動目標が設定できます。

① 学ぶことを好きになろう
② マズローの欲求5段階説を知っておこう
③ 自分のロジックツリーを作ってみよう

3 ▼ 研修の目的

研修って何のためにやるのでしょうか？　研修の目的は「人材育成」です。

みなさんも、さまざまなテーマやプログラムで研修を受けてきたことと思いますが、弊社は研修を「個人と組織の成長のため」と意味づけており、企画書にも「個人と組織の成長プロジェクト」と表現しています。企業は人材育成により、個々人の能力を伸ばして成長させ、組織貢献につなげることができるか、が発展のカギとなります。そのためのツールのひとつが教育研修です。

≫ 人材育成に対する企業の捉え方

中小企業の経営者と話していて感じることは、「会社経営は、経営者一人では成り立たない」ということです。もちろん、個人事業主の方も多くいますが、会社という組織を運営するということは、そこで働く従業員が必要ということです。また、大手企業に比べて、中小企業は経営資源である人・モノ・カネ・情報が、大手に比べて足りません。その中でも、やはり「人」が一番大切です。人を育てなければ、企業の発展はあり得ません。

>>> 研修でなければ生まれない「気づき」、「内省」、「共感」

「気づき」

研修では、通常業務では経験できないような学びや気づきを得ることができます。

たとえば、「理想の働き方」というプログラムがあったとします。「働き方改革関連法」が、2018年に参院本会議で可決成立したことをごぞんじですか？　働き方改革関連法は一つの法律ではなく、労働基準法や労働契約法など合計8つの法律で構成されていて、「残業時間の上限規制」「同一労働同一賃金」「高度プロフェッショナル制度」などが盛り込まれています。残業をタップリしている人は、「残業に上限が決められたのなら、それ以上はしなくていいんだ」と短絡的に考えそうですが、実際の現場は上限が決められたことで、残業タップリでやっている仕事を短い時間でやらなくてはならない＝生産性を上げなくてはならない、という課題が課せられます。

この課題をクリアすることを一人で考えても、なかなか答えが出せません。しかし、研修で議論すれば、グループメンバーAさんが、「私が思う理想の働き方は、ワークライフバランスも視野に入れ……」という話をしはじめると、「えっ、Aさんって日ごろあんまり考えてないようなタイプと思っていたのに」と焦ったり、Bさんが「理想の働き方と言っても、現状認識をしっかりと組織内で共有しておかないと、単にワガママを言ってもしょうがないですよね」

というのを聞いて、「Bさんって建設的なこと言うよなぁ」と見直したりする場面が出てきます。ここは、一人ではなく研修という場だからこそ、他者のいつもは見えない部分が顕在化することで気づきが生まれ、関係性がよくなるという効果が生まれます。

「内省」

内省とは、自分の考えや行動を深く省みることで内観と同意語です。

たとえば、「自分の価値観を考える」というプログラムがあったとします。価値観とは、何に価値を認めるか、価値を決める時の見方、考え方ですが、『他者を大切にする』『自分の時間を大切にする』『秩序を大切にする』など、20のキーワードからベスト3を選んで下さい」という設問があった場合、悩みながらも三つを選んだとします。それが思わぬキーワードであったりすると、「えっ、自分ってやっぱり他者を大切にしようと思ってたんだぁ」とか、「やっぱり、自分の時間って大事だね」と他者への関わりや時間に対する思いを深めます。ここで内省が起こり、あらためて自分が日ごろ大事にしていることを深めることができます。

「共感」

気づき、内省は個人の中で起こるものですが、研修のグループワークやグループディスカッションにおいて、他者と関わることで生まれるものが「共感」です。

「へ〜、君はそんな考え方を持っていたんだ」とか、「なるほど、だからあなたはいつもそんな行動をとっていたんですね」などと言われると、「何で隣にいつもいて、わからないの？」と驚きながらも、理解してもらえたという一種の安堵感から、「共感」が生まれて関係性が深まります。つまり、相手をより理解するということにつながるのです。

インターネットが生まれたことにより、職場での「対話力」が低下しています。「対話」において、相手の熱量を感じながらコミュニケーションすることが「共感」につながりますが、研修でのグループディスカッションでは、この対話しかありません。相手に自分の話をするか、相手の話を聴くか。そして、仲間が真摯に発表する姿勢を見たり、テーマについて深く考えることで、職場では見ることのない表情を見ることで驚いたり、うなずいたり、考えさせられることが起こります。ここで共感が生まれるのです。

① **研修は何のために行なうのか、をしっかりと言えるようになろう**

② **人材育成の三つのポイントを押さえておこう**

③ **人材育成に対する自分の考えを持っておこう**

4▶研修の種類

研修の種類には、大きくＯＪＴ（職場内研修／On the Job Training）とＯｆｆ－ＪＴ（職場外研修／Off the Job Training）の２種類があります。一言で言うとＯＪＴは、職場の中での教育で、Ｏｆｆ－ＪＴは職場を離れての教育です。

>>> ＯＪＴのメリット

(1) 業務に直結していて効率的

組織内の上司が部下に対して、業務に必要な実践的な知識やスキルについて職場で教育ができ、時間的に無理なく実施することができますし、コスト面でもお金をかけずにすむ点がメリットです。

(2) 個別教育により即効性が高い

上司部下の関係での教育であれば、評価する側とされる側の関係から日々の業績に対する評価点や課題点が共有できており、具体的課題に対する教育ができます。また効果を上げやすく、成果につながるスピードも上がる点がメリットです。

(3) 時間的制約がない

日々の業務において、上司が気になった点、改善が必要と思われた点について、即対応できます。「では、明日9時から今回の課題について、1時間見直しの時間を取ろう」とか、「今回アタックする企業に提案する企画書の書き方について、あとでアドバイスしよう」など、日時設定に時間をかけることなくできます。

>>> OJTのデメリット

(1) 上司は教える専門家ではない

社内の上司による教育研修は、実践的かつ即効性のある指導ができる反面、体系的スキルが育まれていないため、理論と実践の「理論」部分が欠け、部下がその意味を理解できないまま進められることがあります。名選手＝名監督にあらず、で優れた成績を上げたスポーツ選手が、優れた指導者になれるとは限らないのと同じです。

(2) 時間にムリムダムラあり

メリットと連動する話ですが、社内の上司部下で研修を行なえるので、「いつでもできる」と思い、「日時も場所もその場で決めればいい」ということが結果、「目の前の仕事を優先して迫られないとやらない」ということにもなりかねません。外部講師による研修であれば、「○日○時～○時、研修室にて研修を開催します」と広報され、強制的に開催されますが、社内だと研修が後回しになり、開催されなかったりすることで、部下の上司に対する不信感が芽生えることもあります。

(3) 内容にムリムダムラあり

社外講師による研修の場合、事前課題が出されたりします。これが社内の上司だと、自身の業務で手いっぱいなので、あらためて課題設定をしたり、その分析、そして解決策へとつなげる時間と労力がかけられません。その結果、研修がその場だけの、つけ焼き刃的なものになりがちです。

>>> Off－JTのメリット

(1) 専門家による効果

「教えるプロ」である外部講師のもとで研修をすれば、それなりの成果や課題解決への糸口が見つけられます。その場での学びだけでなく、事前課題で受講姿勢を高めることや、アフターフォローを行なうことで、相乗効果を生むこともできます。また「階層別」の研修では役割の理解など、営業職や技術職などの「職種別」の研修では専門スキルを深め、「課題解決型」の研修においては、課題解決へアプローチする理論から方法までのスキルを学び、職場で実践できるものまで得られます。

(2) 先取りできる効果

最近ではセクハラ、パワハラなど、ハラスメントに関連した「コンプライアンス（＝行動規範）」が問われています。「うちは中小だから関係がない」などと言う社長もいますが、中小企業のほうがルール化されていないことが多いので、働く従業員にとっては「ウチは大丈夫だろうか」と気になって、コンプライアンスについてネット検索したりしています。このような時に、その領域の専門家を外部講師として呼び、最新の情報に基づく研修を行なうことができます。

(3) 幅広く対応できる

最新の情報を含めて、幅広いテーマに対応できます。たとえば、「アンガーマネジメント」をごぞんじですか？　こういった内容のことは、コンプライアンス同様、新人でも管理職でも学ぶ必要があります。「階層別」、「職種別」、「課題解決型」はもちろん、誰もが取り組める「テーマ別」研修という設定もできます。また、最近では従業員個人のキャリアを考える「キャリアプラン」研修なども増えてきています。

>>> Off－JTのデメリット

(1) 即効性が見えない

研修のテーマは、すぐに仕事に役立ち、業績に反映できるものばかりではありません。たとえば「キャリアプラン」研修で、従業員が自身を見つめ直し、これからどうすべきかを考えるプログラムだった場合、自分自身のこれまでを振り返り、これからどうしていきたいかを考え、将来の夢や方向性が見えたとしても、それによって明日から即業績を上げることができるかというと、大きな効果があるとは限らないからです。

⑵ 時間と費用と労力がかかる

研修を実施するのに、まず何からはじめたらいいかというご相談を受けますが、この「何からはじめるか」が、担当者にとって頭の痛いところです。もちろん研修実施には、企画から当日の運営、そしてアフターフォローと、相当なパワーが必要ですが、段取り八分と言われるように、「何のために、誰のために研修を行なうか」が明確に設計されていないと、せっかくかけたパワーが水の泡になりかねません。なかには、「社長が今年は人材育成に力を入れるとスローガンに掲げられたので」と、現場には落とし込まれていないまま開催されるケースなどもあります。

① ＯＪＴのメリット・デメリットを理解しておこう

② Ｏｆｆ－ＪＴのメリット・デメリットを理解しておこう

③ 自社のＯＪＴ、Ｏｆｆ－ＪＴを知っておこう

5 ▼ 研修が求められる背景

≫ 厚生労働省の調査から求められる研修

(1) 人材育成は企業の重要な課題

労働政策研究・研修機構の資料（次ページ）より、企業が競争力をさらに高めるため、今後強化すべき事項（複数回答）としては、「人材の能力・資質を高める育成体系」（52・9％）が最も高くなっており、「顧客ニーズへの対応力」や「既存の商品・サービスの付加価値を高める技術力」などに比べても、人材育成は企業経営を継続する上で、最も重要な課題となっています。

(2) 現場で育成が困難

次に、人材育成の課題として、①「業務が多忙で、育成の時間的余裕がない」、②「上長等の育成能力や指導意識が不足している」、③「人材育成が計画的・体系的に行なわれていない」という声が多く掲げられています。

この3点について、従業員の数が限られている中小企業においては、より切迫したものとなっており、人材を育てる「時間」が足りなく、育てる「スキル」や「計画」もないものと思われます。

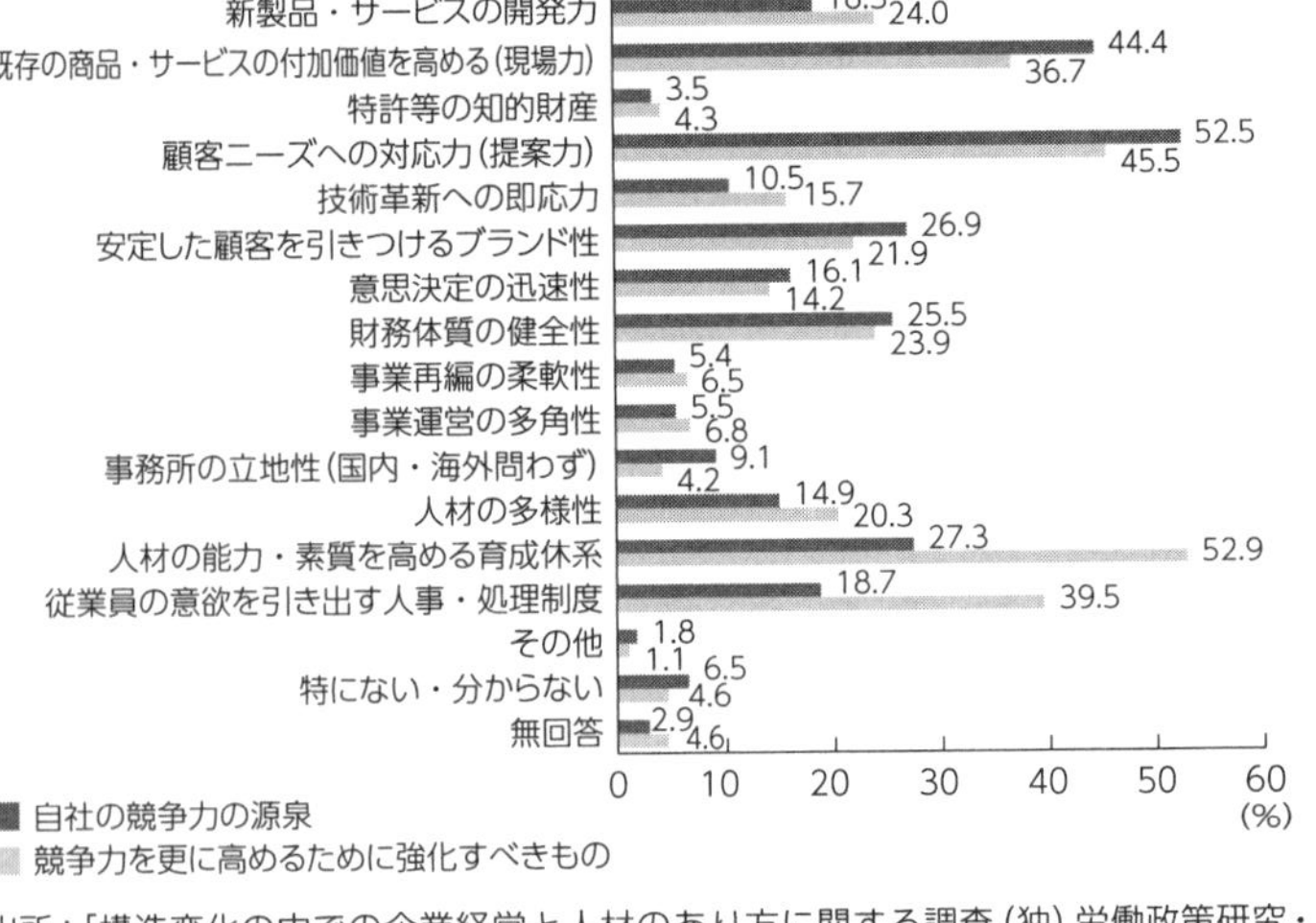

〈自社の競争力の源泉と、競争力を更に高めるため強化すべきもの〉

出所：「構造変化の中での企業経営と人材のあり方に関する調査（独）労働政策研究・研修機構（2013年）」

ネット社会だからこそ求められる対話

私が社会人なった1989年当時、まだネットがなく、情報のやり取りは電話かファックスが主で、広告の地図を書くのに、鉛筆と定規で書いていたことを覚えています。それが、パソコンによるネット活用が始まると、あれだけ朝から電話していたフロアがシーンとなり、キーをカタカタ叩く音が鳴り響くだけで、たまに電話が鳴るぐらいです。

ある月、月間目標の見通しが達成ギリギリの時、「ちょっと、今日の夕方緊急会議を開きたいんだけど、みんなスケジュールはどうかな?」と聞くと、「すみません、メールでもらえますか」と言われる始末でした。今では当然でしょうが、これが40代以上の人はなかなか慣れなかったようです。人と人が関わる仕事であれば、やはり対話が大切です。この対話力が、オンライン化が進む今の時代も欠かせないのは事実です。そこで、対話量が極端に違う世代の間を埋めるには、やはり対話力を上げることが求められます。そのひとつが研修の場です。

≫ 期待される研修の効果

(1) 仕事のレベルが上がる

新人が仕事をはじめてから、上司に手取り足取りアドバイスを受けていきながら一人前になるには、なにかと時間がかかります。「石の上にも3年」と言われますが、これは、3年は同じ仕事をしっかり体験して自分ものにするまで時間を要するという意味です。人の定着が安定しない組織では、そのつど新人に教えなくてはならず、その手間とコストはたいへんなものです。新人には、最初ビジネスマナーや接遇などを教え、2年目3年目になって、はじめて仕事が見えてくることでレベルが上がり、本人にも「一人前になった」と客観的に自己認識が生まれます。

(2) 自走社員となる

自分で主体性を持ち仕事ができる自立型社員は、自走型とも言われています。新人は「指示待ち社員」と言われながら自立することが求められますが、現場で上司からの指示を受けるだけで、なかなか自分で考えて動けるようにはなりません。それは目の前にある仕事が、どんな形で顧客に提供されているかや、会社にそれがどのような影響を与えているかなど理解できないため、商品や顧客への思いが高まらず、仕事のやりがいにつながらないからです。ここで、上司だけでなく、組織全体で新人や部下を育てる必要が出てきます。

⑶ 部下を育てるスキルが上がる

新人は、さまざまな教育を受けてキャリアを積んでいく間に、部下を持つようになります。組織が継続して繁栄するためには、人材が育ち、またその下の人材が育つことが必須です。たとえば課長職研修で、「課長になって何を部下に教えているか」をグループで共有することで、自分以外の課長が部下に対してどう対応しているかなどを理解すれば、これまでとは違うやり方を現場でやってみようとチャレンジするきっかけにもなります。そういった実践に即した情報を研修の場で得ることで、「部下を育てるスキル」が上がります。

① 研修に関する資料データを見ておこう

② 自社の研修効果を見直してみよう

③ 自走社員になるためのポイントを押さえておこう

6 ▼ 研修、うまくいってますか？

あなたの会社での研修は、うまくいっていますか？ 何をもってうまくいっているか。これは、事前の段取りがしっかりと行なわれ、研修当日は時間通りに充実した内容が展開され、研修後のアフターフォローによる成果がしっかりと見えることで、「研修がうまくいった」と言えます。ここでは、うまくいくこと、いかないことについて時系列で例をあげて紹介していきます。

≫ 事前準備

段取り八分

研修の成果は、何のために、誰のために行なうのか、そして受講者にどうなってほしいか、というゴール設定ができているかどうかにかかっています。弊社もできる限り、「ウチのリーダーにはこうなってほしい」という理想形や、スキルのさらなる向上や発揮について提案してもらい、それに合わせてプログラムを立案し、講師選定も行ないます。

このように、研修ひとつ開催するにも、まず研修担当者と受講者、そしてわれわれのような研修会社、講師といった4者の間で、しっかりとコンセンサスを得ておかなければなりません。ややもすると、研修担当者が社長から言われたからと、テーマやプログラムを曖昧にしたまま消化するように開催したり、講師が「この会社は私が専属講師だから」と、専門外のプログラムでも登壇して、実りない研修になった、ということがあります。ここでは、「段取り」をしっかりとして、関係者全員のコンセンサスを得ておきましょう。

>>> 研修当日

受講者の突然の増減

まず受講者に、「何のために、あなたはこの研修を受けるのか」を伝えきれているかどうかが大切です。残念ながら、研修を企画・運営している立場から見て、前述のように、研修を受けることに積極的な方にはなかなか出会えません。担当者が、職場もバラバラの多くの受講者に対して、段取りを組んで広報し、しっかり準備できたと思ったら、当日欠席や遅刻する受講者がいます。本人の体調や交通機関の影響によることもありますが、ここは研修担当者の腕の見せ所です。

一方で、たまに「受講者が増えました」と、いきなり当日になって参加者が3人も4人も増える場合もあります。これは、もちろん想定外対応として講師は動きますが、会場のセッティング、プログラムの進め方など、参加者への影響もあり、参加者へ突然の変更についての事前の広報はうまくいっているのかと不安な時もありました。

>>> プログラムについて進め方も講師と決めておく

研修は、学んだことを実践につなげて行動変容することが目的です。そこで、専門的な知識付与型の形式であっても、大学の講義のように講師が一方的にテキストを読み進めていては、受講者が受け身で聞き流したり、睡眠学習になりかねません。私が、これまで研修をオブザーバーとして見てきた中でも残念なパターンは、この形が多かったように感じています。

今は、ワークやグループディスカッションなど、受講者に考えさせて発言させるプログラムが増えており、双方向のコミュニケーションを意識したものが求められていますが、ここはしっかり、講師と事前に打ち合わせしておくことが必要です。

>>> プログラム内容が合わない

たとえば、「接遇マナーをしっかりと学ばせてほしいんですよ」と、研修担当者から相談を受けます。

ここで大事なポイントは、受講者がどの階層か、どのレベルかということです。新人なのかキャリア3～5年ぐらいなのか。階層などによって、内容がガラリと違ってきます。この見極めを間違えると、新人層に難しい対応を学ばせたり、キャリアのある層に「お辞儀の仕方は……」など、新人向けのプログラムを展開したりします。

〈研修開催後の評価基準〉

レベル1	Reaction（反応）	参加者の満足度を見るため、「受講直後のアンケート調査」などによる学習者の研修に対する満足度の評価を行なう
レベル2	Learning（学習）	学習した知識・スキルの理解度、到達度の評価するため、「試験やレポート等による評価」を行なう
レベル3	Behavior（行動）	職場における行動変容や実践度を見るため、「受講者の面談や他者評価」を行なう
レベル4	Results（成果）	実践の成果や生産性向上を見るため、「受講者の業績などの評価」を行なう

出所：カークパトリックの4段階評価より弊社作成

マナー研修と一言で言っても、幅広く深いものです。アパレルの販売員なのか、建設会社の事務職員なのか、介護施設のスタッフなのかなど、業種業態によっても大きく違います。ここは、研修担当者の会社のＨＰなど見ておけば簡単にわかりますが、しっかりとおさえておきましょう。

≫研修後 アフターフォローがない

これが、「研修をやっても効果がなかった」と言われる大きな要因です。そのため、研修開催後の評価法として有名な、「カークパトリックの４段階評価」などを参考に、具体的な効果測定の方法を明確に決めておきましょう（上表参照）。

①研修は段取りが肝心

②講師との打ち合わせにより成果が変わる

③効果測定は明確に

7 ▼ 研修が行なわれている現場では

>>> スタートが肝心

研修現場でいつも感じることは、まず受講者がどういう気持ちでいるかということです。

事前準備の段階で、担当者が段取りよく準備して広報しているか、受講者に研修概要として開催時間、プログラムはもとより、「狙い」や「求められるもの」について告知がされているかで、スタートが違ってきます。

>>> 求められる課題からのプログラム化

私は平成27年に、研修プログラム別の映像16本をYouTubeにアップしました。これは営業用にPRするということで、あまり考えずにアップしたのですが、この動画アップが結果的にマーケティングとなり、研修におけるニーズを見つけることができました（ライズ研修ムービー　https://www.youtube.com/channel/UC3MVtQ064E5pFEsKx50VDBw）。

ここでの研修動画一覧ランキング（視聴回数）の1位は「会議の進め方」、2位「理想のリーダー」、3位「モチベーションについて」、4位「組織を考える」、5位「なぜ働くのか」となっています。

1位の「会議の進め方」はダントツで、研修の打ち合わせ時にこの話をすると、盛り上がらない会社はありません。そこで、「会議カイゼンマスター」として、会議のカイゼンプログラムを企画したほどです。それほど世間では、会議についての課題が多いということです。

2位は「理想のリーダー」です。これはＨＲ総合研究所「人事の課題とキャリアに関するアンケート調査（２０１８）」(https://www.hrpro.co.jp/research_detail.php?r_no=208) の「現状の［採用・人材育成・配置・人材ポートフォリオ］面での最重要課題」においても、全体で一番多いものは「次世代リーダー育成」となっており（次ページグラフ参照）、リーダー層、次世代リーダー層に対する期待・要望が高く「3〜5年後の最重要課題」についても、「次世代リーダー育成」は前年調査に比べてさらに伸びています。

>>> 高まる「次世代リーダー」への期待

この「次世代リーダー層」とは、どんな層でしょうか。これは、「企業を経営する次代のリーダー（企業経営者や事業経営者などの経営幹部候補、職能部門トップを含む）」とか、「リーダークラスの下層」、「◎◎スキルと●●スキルと…を持つ層」など、企業によってその設定はまちまちですが、弊社も最近、この「次世代リーダー」に対する育成の要望が増えてきています。

3位は「モチベーションについて」です。同じくＨＲ総合研究所のアンケート調査の「現状

〈現状の【採用・人材育成・配置・人材ポートフォリオ】面での最重要課題（全体）〉

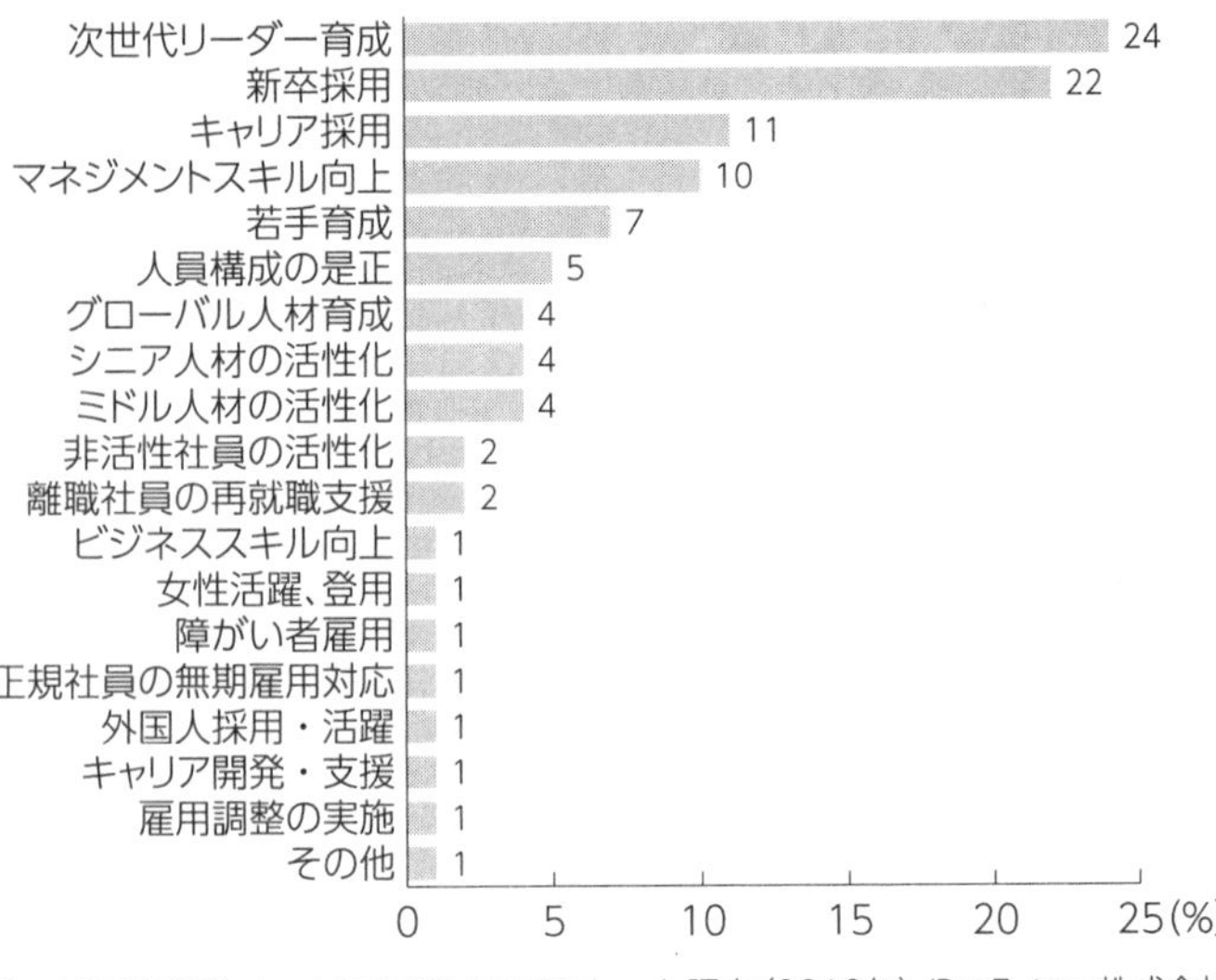

出所：人事の課題とキャリアに関するアンケート調査（2018年）/ProFuture株式会社（HR総研）

の「組織・制度・仕組み・システム」面での課題」についての最多の回答は、「従業員のモチベーション維持・向上」の43%です。「motivation（モチベーション）」とは、「人が行動を起こしたり、決断したりする時の直接の要因・きっかけ」という意味ですが、企業の生産性を高めるため、従業員のモチベーションのアップや維持を図るには、人事制度や福利厚生などの整備だけでなく、管理者とメンバーの密なコミュニケーションが図れるような職場環境の整備が必要とされています。

また最近、弊社も依頼が増え

て新しく企画したプログラムが、従業員の行動規範の基本であったり、パワハラ、セクハラなどに関する「コンプライアンス研修」やメンタルヘルス領域の「メンタルケア対策」、怒りという感情に関する「アンガーマネジメント」などです。

>>> ティーチングからファシリテーションへ

私が以前、研修のオブザーバーに入っていた頃、大学の先生がテキストを読んで進める、いわゆるティーチング形式で講義する講師が多く見られ、受講者はすぐにヒマそうになり、手持無沙汰で居眠りする人も見受けられました。

最近は、受講者に発言を促すことや引き出すことなど、アウトプットベースのファシリテーションが求められて久しいですが、ファシリテーションは受講者に主体性を持たせるため、講師は課題に対していろいろと質問をしたり、個人でワークシートを書かせたり、グループでディスカッションをさせたりして、アウトプットを重視しながら研修の狙いや成果につながる方向づけや仕掛けが求められます。この点が講師に最近求められるスキルです。

① アイスブレイクを30準備してみよう

② 自社のリーダーの強みと弱みを見直してみよう

③ 自分を1分間でプレゼンテーションしてみよう

8 ▼ 研修の効果は測れない?!

「研修後の効果がわからない」「研修をやっても成果が見えない」ということをよく聞きますが、研修の企画段階で、「何のために研修を実施するのか」を考えておくことが大事なポイントとなります。ゴールが設定されていなければ、どう進めばいいかわからないからです。

≫ ゴールの明確化

研修は、受講者に「こうなってほしい」、「こうあるべき」という期待・要望から実施されます。

たとえば新入社員であれば、「社会人としての心構え」、「ビジネスマナーを学び、社会人の基本を知る」、中堅社員であれば、組織の一員として「上司・部下へのコミュニケーション力をより発揮する」、「SWOT分析より自社の強み弱みを知る」、リーダー・管理職となると、将来の幹部として育ってもらうために、「職場の課題を解決し、組織力を強化する」、「環境の変化に応じた組織づくり」といった「ゴール（＝こうなってほしいという理想の姿）」に基づいた「テーマ」が設定されます。

ですから、研修においては必ず、「ゴール設定」がされていなければなりません。新入社員であれば、「ビジネスマナーを学んで社会人の基本を知る」ことにより、電話応対がうまくなったり、来訪されたお客様への対応がテキパキとできるようになること、中堅社員であれば、「上司・部下へのコミュニケーション力をより発揮する」ことを学んだことで、上司へのホウレンソウがスムーズになったり、部下への声がけがうまくなる、といったことです。

研修後、受講者が、その設定されたゴールまで行き着いたか、行き着いていないかを見極めて、成果を測ることが必須です。そのため、受講者には研修日時やプログラムだけでなく、より効果を上げるために、「どうなるために」この研修を受けてもらうのかをしっかりと伝えておきましょう。

≫ 成果を求めるためのアンケート

次に必要なことは、研修後のアンケートです。弊社では、「振り返りシート」と呼ぶ記述式で研修のポイントを振り返るシートを活用しています。

成果を求めるときによく引き合いに出されるのが、「エビングハウスの忘却曲線」です。ドイツの心理学者ヘルマン・エビングハウスが唱えたこの「エビングハウスの忘却曲線」は、無意味な音節を記憶し、時間とともにどれだけ忘れるかを数値化し、その結果を示しています。

人が何かを学んだ時には、

20分後には42％忘れる

1時間後には56％忘れる

〈エビングハウスの忘却曲線〉

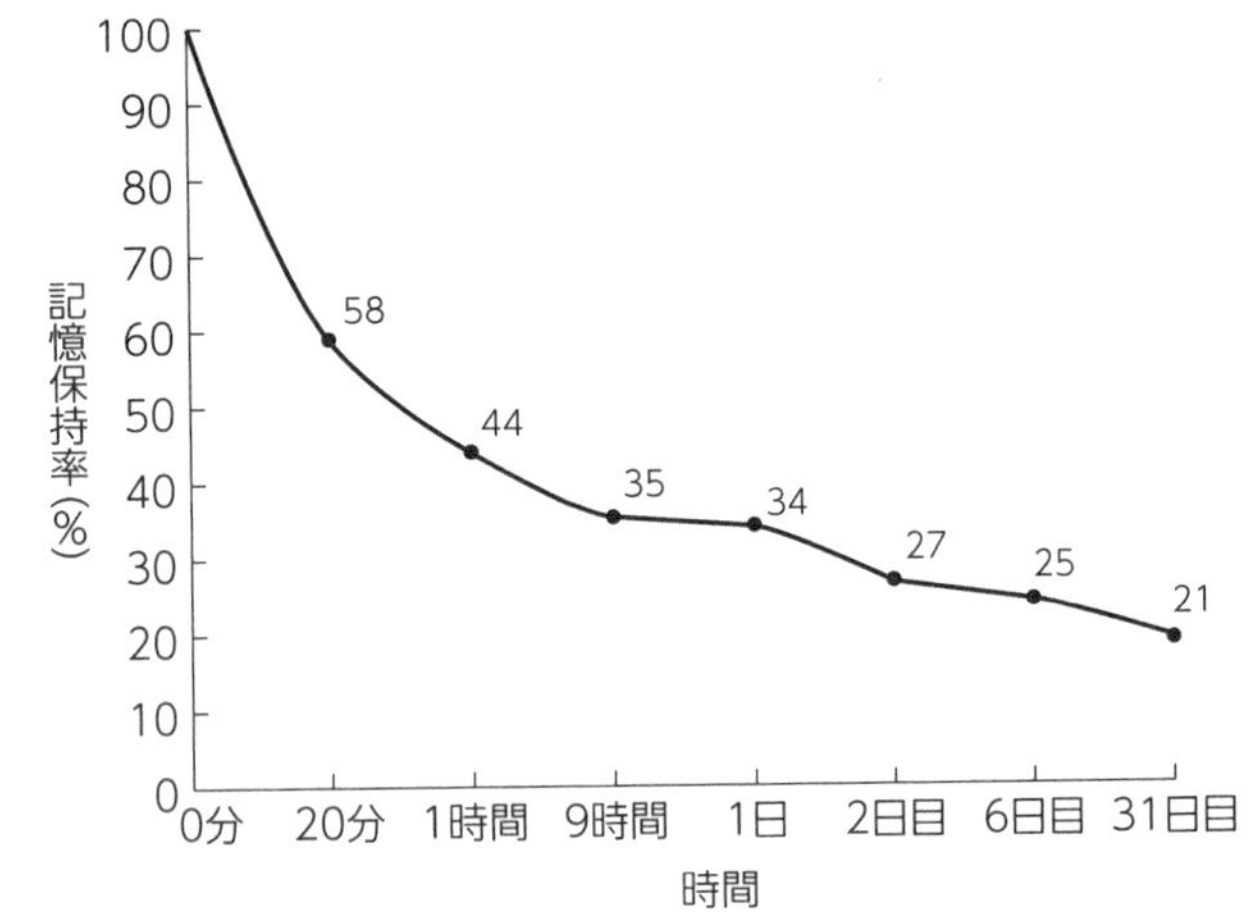

9時間後には65％忘れる
1日後には66％忘れる
2日後には73％忘れる
6日後には75％忘れる
31日後には79％忘れる　と。

この数字からもわかるように、受講後すぐのフォローというものが大切になります。このアンケートというツールは、成果につながるものを研修でどう学んだかを即反映させるものです。このシートの設問で大事なことは、記述式を入れておくことですが、弊社の「振り返りシート」は記述式がほとんどで、受講者ごとに価値観が違うので受け止め方も違います。ここでは、研修の内容、課題などをどう捉えたかを把握することが大切なので、記述式の回答を盛り込むことが必要です。

>>> 振り返り面談の設定

研修後、一定期間をとって、上司や人事、中小企業であれば社長や役員による面談を行ないます。研修を受けた後成果は出せたか、どう変わったかを見るので、1ヶ月から3ヶ月の間で実施するのがよいでしょう。

このフォローアップですが、『日本の人事部 人事白書２０１７』によると、人材育成の「効果検証」を「行なっている」企業は35・８％に留まっており、「行なっていない」は53・８％、「わからない」は10・４％というデータが出ています。これは、人材育成におけるＰＤＣＡサイクルが機能していないことになります。もちろん、成果の測定結果などは見えませんが、「時間がない」「他の業務で忙しい」などの声を耳にする一方で、「ウチは中小企業だから人が採れない、採れても定着しない」などの声もあります。やりっぱなしでは、前述したように、時間とお金、そして企画した担当者や受講した従業員に対して大きな「ムダ」にしかなりません。

成果を出すため「振り返り」を大事にして下さい。

① 研修の成果を測ることの大切さを認識する
② 成果を測るツールを知る
③ 成果が出ない事例、出た事例を収集する

 ▼ 研修をうまく活用している組織

>>> 学ぶ意識が高い

これは、最低限必要なことです。

とくに、経営者が学ぶ姿勢を持ち、実際に学んでそれを実践しているかどうかが大切です。経営者にとって、「人・モノ・金・情報」を資源にして、事業をどのように継続させていくか、新規事業をどう展開していくか、販路拡大するには、資金繰りは、幹部の育成は……と考えることにはきりがありません。それを、経営者一人のアタマで、すべてを解決することは並大抵のことではありません。私も、いくつか経営者の会や勉強会に属していますが、自分の力不足やまだまだ努力が必要と感じさせられる日々です。

一方、従業員においても、直接業務に関わることから資格取得に向けた学び、自己啓発や自分自身のキャリアプランに関するものなど、多岐にわたって学ぶ場があり、多くの方がチャレンジをしています。たとえば宅建士（宅地建物取引士）資格を持つ従業員には資格手当をつけている会社があったり、資格試験の受験料を補助する会社もあります。これは企業の事業と直結しており、不動産を扱う企業にとっては拠点展開がやりやすくなるなど、いくつもメリットがあるからです。単に、資格取得をすればいいというわけではありませんが、「試験にチャレ

ンジすること」は、自分の学びを促進するすばらしいことだと思います。また、私が取得しているキャリアコンサルタントは、平成28年より国家資格になったことで、注目度が高まってきており、資格取得のセミナーも増えています。

>>> 教育を体系化

教育を仕組み化した企業は、「教育訓練体系図」というものを持っています。内容は、新人から中堅社員、幹部社員に対する階層ごとに対応したものから、営業職や技術職などの職種別、リーダーや管理職などの役職別、その他コンプライアンスやメンタルヘルスケアなど全社員向けの共通のものに区分けされており、企業によってはＨＰに掲載されており、既存社員だけでなく、就活・採用時にもプラスになるものになっています。既存社員にとっては、自分のキャリアプランを考える場合、教育訓練体系に基づいて考えることができるので、企業にとっても働く従業員にとっても大事な仕組みです。

最近では、学生が面接時に「御社には教育プランはありますか?」とか「人材育成について、どのようにお考えですか?」などの質問を投げかけてきます。やはり、自分が入社してから、どのように「育ててもらえるか」「どんなことを学ぶのか」は、関心の高いことだからです。

>>> 理念がしっかりしている

あなたの会社には、経営（企業）理念はありますか？

理念とは、企業が事業目的を達成するために、継続的・計画的に意思決定を行ない、事業を管理・遂行するための根幹となるものです。また、企業の根幹となる経営理念は創業者の思いであり、「会社の方向性を伝える考え方」です。株式会社電通国際情報サービスが、2002年に中小企業23万社の中で、「優良企業」とされる1000社に対して行なった調査によると、経営理念がある企業は55%、ない企業は45%という結果が出ていますが、われわれ中小企業でも経営理念、行動指針、事業計画書は必須と言われています。これがあるのとないのとでは、社内はもちろん、社外的に企業のブランドイメージにもつながります。

>>> 現場との連動

会社で学ぶ場というのは、「研修」がメインではなく、現場である職場がメインであることは言うまでもありません。では、なぜ研修を行なうのか。ここは、これまでお伝えしてきたように、研修のような学ぶ場の必要性を感じている経営者が、研修と現場とを連動させて仕組み化することで、従業員一人一人がスキルアップ、マインドアップしていくことをわかっているからです。

研修の細かなプログラムや内容については、別章でお伝えしますが、研修を行なうことが組織力の強化、事業貢献にまでつながります。また、研修をうまく活用している会社は、現場の課題をテーマに盛り込んでいます。今、現場で何がうまくいっていて何が課題なのか、を検討し、「どのように現場で成果を上げさせるか」に注力しています。そのことを理解し、実践している組織は、この現場と学ぶ場での相乗効果を上げています。

>>> 風通しのよい組織

研修のメリットのひとつでもある帰属意識や団結力を高めることを理解している組織は、風通しがよく、意見が出やすいという企業風土を持っています。また、そのことが会社内での多岐にわたるイベント（会社方針発表会、レクリエーションなど）での組織づくりでも見えるし、研修内のグループディスカッションで部署を超えた課題などについての意見交換になった場合、意見が出るかどうかで、この風通しがいいかどうかがわかります。

① 自社の学ぶ意識の高さを見ておこう

② 自社は風通しがいいか聞いてみよう

③ 研修後の効果はどうなっているか見てみよう

10▼これから求められる社内研修のあり方

≫ これからも必要な対話力

これからはＡＩ時代と言われ、リモートワークが急増する中、さまざまな仕事が機械に置き換わるだけでなく、人工知能に代替されたり、人工知能が人間のパートナーになったりする時代が来ると言われ、10年後には自動車免許がいらなくなり、２０４５年には、コンピュータの能力が人間の能力を上回るという予測もあります。そんな先を見ながら、このところさまざまな勉強会、会合に参加して感じることは、「人は人前で話すことが苦手である」ということです。

あるリーダー研修では、「研修を始めるにあたり、まず参加者のみなさんに自己紹介をしていただきます」と言っただけで、「困った！」という空気が漂います。また先日、経営者の会に参加した時も、「自己紹介をお願いします」と司会者が言うと、「自己紹介は苦手なんで……」と、立て続けに経営者が言う始末でした。会社の朝礼や会議にはじまり、社内外で話す場面がたくさんある経営者であっても「話すことを苦手にしている」人が多く見受けられます。ここで、「話下手」と言うのは避けたいことです。やはり、人と人が関わって仕事をする限り、コミュニケーション力の中でも、この「対話力」の向上は求められます。

>>> トップが直接語る姿勢

企業のトップがどう考えているのかは、研修においても求められます。大手企業になれば、人事部がしっかりしていて研修の狙いやテーマ、求める成果などを的確に伝えていると思いますが、この研修にどんな期待や要望をしているのか、せめてビデオレターででもあるといいですね。

「はい、それではこれから幹部研修を始めます」と、人事部長が挨拶をして外部講師がバトンを受けて始める……というパターンが多いと思いますが、中小企業においては社長が何を期待しているのかを直接聞けたら、受講者はどんな気持ちになるでしょう。たった3分でいいのです。可能な限り出席していただき、「ウチは君たちに期待しているよ」「人材育成にはパワーをかけている」などと最初に言われれば、受講者の研修に向かう姿勢も変わってくるし、実践につなげていこうという熱意も高まるでしょう。

>>> やはり求められる英語力

グローバル化の波が押し寄せてきていると言われて久しいですが、あなたに英語力はありますか？　私はこのところ全然使ってないというか、そういう場面に接する機会がなく、英語力はゼロに近いです。

一方で、人口減少が進む中、在日外国人が増え、多くの職場で外国人が働いています。こうした社会の変化の中で英語力が必要ということで、大手企業ではある程度の役職になったら、英語は必須のプログラムとなっています。知り合いの会社でも、毎月外国人講師を招いて英語を学ぶ場を従業員に提供しています。

>>> 面談力を上げるニーズの高まり

セルフ・キャリアドック制度（厚生労働省による）という、従業員一人ひとりが主体性を発揮し、キャリア開発を実践することを重視する人材育成・支援を促進する仕組みがあります。

この仕組みは、個人が主体的にキャリア形成を図ることができる環境を企業が構築することで、企業の生産性向上と従業員のキャリア充実の両立につながるものとしています。私も、国家資格キャリコンサルタントとして、個人面談によるキャリコンサルティングを実施していますが、「個人面談」は企業においてさまざまな形で行なわれるようになっています。

しかし、これまでの面談の多くは、評価者である上司主体の面談で、評価のフィードバックなどが主のものでしたが、キャリアコンサルティングをベースにした面談は、部下主体の面談です。そこでは、上司が部下のキャリアについて、さまざまなことを聞きながら、仕事に対するモチベーションを把握したり、将来のキャリアをどう充実させていくかを本人主体で考えさせ、それを上司と共有します。この部下主体の面談を行なっていくことが、企業にとって人材育成の道であり、定着率向上、組織の活性化にもつながります。そのためにも面談力の向上は今後さらに求められてきます。

① これからの人材育成に関する課題を考えてみよう

② 働き方改革に関して、自社が何か変化しているか見ておこう

③ 10年後の研修の様子を考えてみよう

社内研修講師養成
プロジェクトを
創る

CHAPTER 02

１章で研修全般について理解が深まってきたところで、２章は、「講師養成プロジェクト」をあなたがプロジェクトリーダーとなり進めていく内容となっています。具体的には会社への提案にはじまり、講師候補者の選定やブレーンとのやり取りなど、講師の育て方をスケジュールに沿って進めていくことになります。

人を育てることは簡単なことではありませんし、さらに「講師」を育てるとなるとあなた自身が講師でもないのに、と思ってしまうかもしれませんが、必ずプロジェクトを成功させるという意気込みでこの章に基づいて稼動すれば必ず達成できます！

さあ、未来の講師を見出していきましょう！

1 ▶ 社内研修講師を育てよう！

>>> 人を育てるとは

「三流のリーダーはカネを残す
二流のリーダーは事業を残す
一流のリーダーは人を残す」

（細谷英二氏／ＪＲ東日本副社長、りそなホールディングス会長を歴任）

細谷英二氏はリーダーは「人」を残す＝育てる・成長させることが何より大切であり、必須であるということを言っています。

組織の事業繁栄には人を育てることは必須です。一方で「新規学卒就職者の離職状況（平成28年3月卒業者の状況）」（厚生労働省）」を見ると、新規就職者の離職率が、高卒で39・2％、大卒で32・0％となっています。ここ数年、人手不足で人手不足倒産まで出てきていますが、せっかく入社した新人がさっさと辞められたら誰でも困りますよね。そこで問われるのが、入社後の教育です。

≫ これまで社内研修講師、育てましたか？

今回社内研修講師の養成講座を出すにあたり、「企業内での研修講師が存在する」という企業を中小企業で探しましたがなかなかありません。これはもちろん想定内でしたが、大手企業は人事部が体系化された教育プログラムにのっとって担当分けし、それぞれの専門性を持ったキャリア層が教育を行なっていたり、社外講師と契約して教育を行なっています。中小企業は、新入社員に対して体系化された教育プログラムがないうえ、時間もかけられず、オリエンテーションもそこそこに即現場へ放り込まれることが多く見受けられます。しかし、ここは

「手間をかける」ことが大切です。厚生労働省の資料「人材育成をより効果的・効率的に行なうために必要なこと」について企業の回答を見ても、「研修等を通じ、上長等の育成能力や指導意識を向上させる」ということをあげている企業の定着率は高止まりしています。

>>> 講師を育てるスキル

さて、それでは人を育てるのに、どんなスキルが必要なのでしょうか？

私の仕事は、組織のリーダーに対しての教育研修がメインですからど真ん中のテーマです。いつの時代も、リーダーへの「しっかりしろ、がんばれ～！」的な本や情報があふれています。リーダーには多岐にわたるスキルが求められていますが、その一つを挙げるとしたら、やはりコミュニケーション力です。このコミュニケーション力も幅広い概念を持っていますが、その中でも傾聴力が大切です。

あなたは「コミュニケーション力」をどう定義しますか？　ちょっと考えてみてください。

私が定義するコミュニケーション力は「相手と継続して話す力」で、傾聴力、理解力、表現力の三つで構成されています。

傾聴力は、相手の言葉を「正確に聴き取る」力、理解力は、相手から正確に聴き取った言葉と、相手が話す姿から相手が何を言いたいかということを言葉以外の情報も含めて「受け止める」力、表現力は、傾聴力と理解力を発揮した後「的確に返す」力です。

>>> 講師を育てる＝部下育成

部下の育成についてはさまざまに表現されますが、あなたに託された部下をいかに育てていくか。これは講師育成と同様と捉えられます。

この課題に直面し、それまでバリバリ業績を上げていた人が、急に元気がなくなったりします。昔はカリスマ的リーダーが多く、その後時代の変化とともに「変化対応型リーダー」「柔軟性のあるリーダー」などが取り上げられ、「サーバントリーダー（縁の下の力持ち型）」なども海外から入ってきました。最近の書籍では『最高のリーダーは何もしない』（藤沢久美／ダイヤモンド社）や『優れたリーダーはみな小心者である。』（荒川詔四／ダイヤモンド社）など新たな視点でリーダーのあるべき姿を表現しています。またその他の書籍では『新1分間マネジャー』（ケン・ブランチャード、スペンサー・ジョンソン共著／ダイヤモンド社）などは物語ですが、わかりやすいということで全世界で売れています。

>>> 人材育成に取り組む内部育成重視型の企業の割合が高くなっている

労働政策研究・研修機構「人材マネジメントのあり方に関する調査」（２０１４年）により、

管理職の育成・登用方針別にみた、人材育成のための取組の実施状況

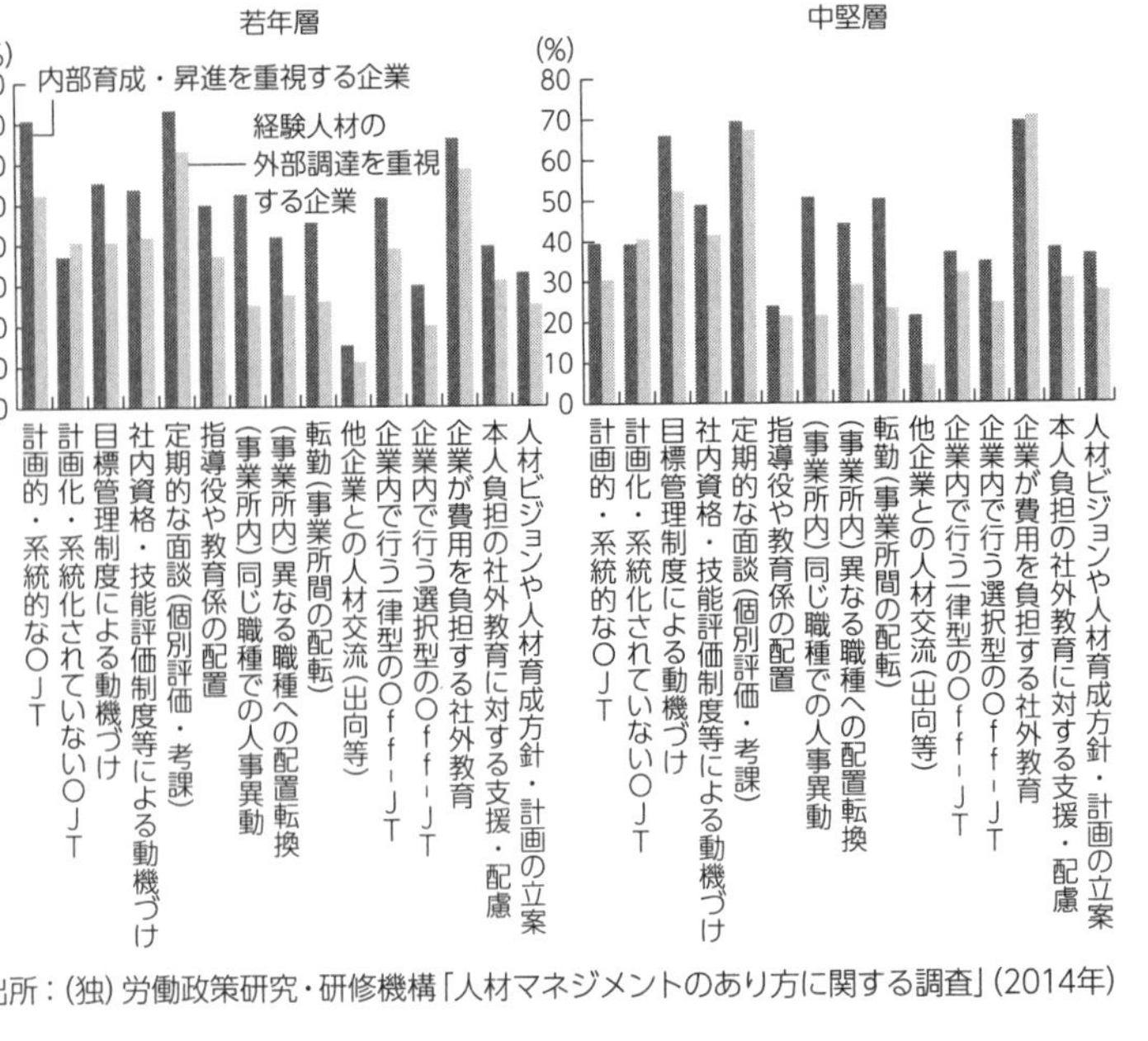

出所：(独) 労働政策研究・研修機構「人材マネジメントのあり方に関する調査」(2014年)

若年層、中堅層それぞれの人材育成のために取り組んでいる事項について、管理職の育成・登用方針が「内部育成・昇進を重視」（内部育成重視）の企業と「経験人材の外部調達を重視」（外部調達重視）の企業を比較すると、ほぼすべての項目について内部育成重視の企業のほうの割合が高くなっています。若年層への「計画的・系統的なＯＪＴ」、中堅層への「目標管理制度による動機づけ」といった取組を活用することにより内部人材を育成していることがうかがえます（右グラフ参照）。この点より、ＯＪＴを絡めた社内講師のニーズが企業にとって高まっていることがわかります。

① 人を育てる＝まずリーダーを育てる
② リーダーのスキルを顕在化する
③ リーダーと部下の関係性を高める

2 ▼ 社内研修講師が求められる背景

最近社内の人材で講師ができないかという声をよく耳にしますが、現実的にはなかなかそこまでできない、という担当者が多い。一方で、現在行なっている研修でも社内の方々のフォローがなければ、研修時間だけの学びとなり、とても効果は望めません。研修は気づきを与える場であり成果につなげる場で、成果を出す場は現場（職場）です。

>>> 社内講師のメリット

社内講師のメリットといえば、「現場が中から見えること」と「時間」と「コスト」の３点があげられます。ＨＲ総合調査研究所（ＨＲプロ）が２０１３年３月に実施した「人材育成に関するアンケート調査」回答のトップ３を見てみると、

1位／研修の成果がはかりにくい、効果測定が不明確……46％
2位／費用負担が大きい……40％
3位／時間がとれない……37％

とあります。この費用と時間に関するデメリットが社内講師による研修によって解消できま

す。加えて、「現場が中から見えること」が最大のメリットだと思われます。

>>> 現場が中から見えること

社内講師は社員ですから、会社の方向性から現場の多々ある課題まで見える、と言えます。

常々社長が言っていること、組織ごとにどのような業績であるか、何がうまくいっていて何が課題なのか、今期はどのような状況なのか、今後の会社の発展を社長は、幹部は、上司はどう考えているのかなど、社内講師であれば見えているはずです。目の前の仕事とともに、経営計画書などに盛り込まれた中長期的計画を理解していれば、研修プログラムを検討する場合、複眼的視点が持てます。

たとえば研修の打ち合わせ時に、「……であれば、対象者をもっと絞ったほうがいいのでは」とか「プログラムに今提示されている課題については、もっと受講者に考えさせるワークを盛り込んだほうがいいんじゃないですか」など、社内講師のほうから提案が生まれる可能性もあります。さらに部署ごとの課題、個別の課題に突っ込んだコミュニケーションが取れ、人事やプロジェクトメンバーに見えない点まで抽出することができます。ここは担当者からの情報からでしか提案できませんし、社外講師には見えない部分が多く、的外れになる可能性もあります。

>>> 時間

現場が見えることに合わせて、打ち合わせの時間も数段効率的です。また日程調整なども現場に声をかけながら、受講者リストを作成して……という流れが作れます。これが外部研修会社や外部講師とのやり取りであれば、「打ち合わせの日時」の調整をすることから始まり、「提案します」なんて言われてヒアリングを事細かく受け、後日提案を受けて見積りをもらって、社内に稟議を回して……金額交渉して、選定された講師を見て判断して……とやっていると、あっという間に数週間経ちます。すべてがこのように違いが明確になるとは言いませんが、この例を見ても一目瞭然です。

>>> コスト

社外講師を派遣してもらうにはコストがかかります。これが社内だったら表面上はかかりません。もちろん社内講師であれば研修時間は担当業務を止めることになりますから、そちらの生産性が下がる＝コストがかかる、とはなりますが。

研修の費用としては、研修会社であれば、ヒアリング〜企画立案〜現場とのすり合わせ〜講師選定～研修運営～アフターフォローなど、どこまで手掛けるかによって変動しますし、外部講師に直接依頼してもやはり費用が発生します。これが年に1、2回だったらいいでしょうが、新人研修に始まり階層別研修、選択研修など多岐に実施している企業であれば、支払う金額は大きなものになります。現場が見えているといろいろな場面で時間も節約できます。「手間がかかるかどうか」もコストにかかってくるのです。

>>> その他のメリット

「講師が社内に在籍しているので、研修後のフォローがしやすいこと」や、「社内講師が、研修したもののノウハウを蓄積することができること」があります。

「講師が社内に在籍しているので、研修後のフォローがしやすいこと」については、研修受講者に一定期間後、研修講師が声かけしたり、面談をすることによって研修の成果などを見ることができたり、研修講師と人事や担当上司との情報交換で、受講者の成長度などを客観的に見ることができます。

また「社内講師が、研修したもののノウハウを蓄積することができること」については、社内講師は役職でもありませんし、専門職ではありませんので、研修講師が通常の人事異動に伴う部署を越えた異動や転勤も発生します。そのような時に研修についての情報の蓄積があれば、他の社内講師にそのノウハウ・情報を引き継ぐことが可能となります。ここは社内講師だからこそ、情報の蓄積が行なえ、個別の人事考課などの参考情報としても活用ができます。

① 社内研修講師が職場を変える
② 社内研修講師は現場が見えることが最大の強み
③ 社内研修講師が時間とコストを削減する

3 ▼ 社内研修講師を育てるカベ

>>> 経営者の思いが薄い

人材育成の成功は経営者、組織のトップがいかに人材育成に力を入れているかにかかっています。

私が所属する中小企業家同友会においても、人材育成を話題にした場合、「人を育てることの難しさ」や「教育プログラムを作成して実施しているが、なかなかうまくいかない」など悲鳴にも似た声を聞きます。

この悲鳴はある種、組織が健康である証拠だと私は思っています。健康でないと、「人材育成なんてやってもどうせ人は育たない」「ウチの社員とかダメなヤツが多い」「ウチの社員はほんと言うこと聞かないんだよなぁ」など、人材育成について考えていない、自社の従業員にダメ出しして投げ出している状態となります。

このように、「トップが人材育成をどう捉えているか」がカギとなりますが、ある程度の研修体系やプログラムが出来上がれば、それだけで安心してそこを見なくなる経営者がいます。「笛吹けど踊らず」ではなく「笛を吹かない状態」の組織に未来の発展はないと言えます。

>>> 組織がついてこない

経営者が「ヨシ、今期は人材育成の強化をテーマに進めるぞ」と先導しても、「また社長が何か新しいことを考えはじめたよ。あんなふうに言ってるけど、やるのは私たちなんだよねえ」という悲しい声を聞くことがあります。これは経営者と従業員の関係性や組織風土とも連動します。従業員によっては安定志向が強いと「任されたことは100%するけど、自分から新しいものには挑戦しない」「指示待ち」の状態で業務に関わる人がいます。

一方、「経営は立ち止まったら衰退」、「事業継続することは下りのエスカレーターを昇ること」と言われます。そのため、永く変わらない「経営理念」に基づき、常々変わる「事業戦略（やり方）」を掲げる経営者の姿が、従業員にとっては、朝令暮改の連続に見えることがあります。そのため従業員は新しいことに逡巡する時があります。社内講師育成についても「今まで外部講師に頼んでいたからやれていることを社内講師を育ててやらせるなんて、そんなことできないよ」と現場が思っていれば、どんなにトップがいいと思っても、話は進みません。ここは経営者と担当となる従業員との関係性がカギとなります。

>>> 講師の選定が難しい

経営者が人材育成強化を掲げ、組織もそれに合わせて意思を持って進める段階に来たら、いよいよ「講師選定」です。

この講師選定については次項で述べますが、この人選は難しいテーマです。やはり講師は人事や総務の担当となりがちですが、今は「働き方改革」や「副業ＯＫ」の時代。中小企業は「働き方改革」と言っても「大手の話で我々は残業時間の削減ぐらいが関の山」という風潮がありますが、なんのなんの、講師がつとまるようになれば「副業」として休日や有休を使ってセミナー講師なんて道も開けてきます。最近ＳＮＳでは「あなたもセミナー講師になれる！」といった広告を見ない日はありません。そのぐらい需要がある＝仕事になるということです。全面的に副業は……と思っている経営者も「講師」が社内に増えれば、いろいろなメリットを感じてもらえるでしょう。

>>> 研修の品質にムラがある

社内講師だと研修という品質がしっかり保てるのかどうかが気になります。これは講師が従業員ということで片手間の仕事に見えたり、担当業務が忙しいという理由で、研修開始ギリギリに来てドタバタしたり、資料に誤字脱字が多かったり、進め方・時間配分に不手際があったりすると、「大丈夫かな?」となります。ここはしっかり「養成」しなければ何の意味もありません。お互いムダな時間を費やすことになり、生産性の低下につながります。

この点は、研修会社や外部講師と密に連携して「一人前」の講師として育ってデキるようになってから登壇することが大切です。

>>> 社外からの知識・刺激がない

社内講師だと、研修の品質にムラがあることと同時に、外部からの刺激がないこともカベになります。いつも見ている顔の上司や同僚が講師だと受講者としても刺激がありませんし、緊張感も上がりません。

研修講師は「しゃべるモデルであれ」と常々思っています。古くはメラビアンの法則（心理学者アルバート・メラビアンによる、他人に影響を与える人の情報伝達手段の割合についての調査で、見た目などの視覚情報が55%、声のトーンや口調などの聴覚情報が38%、言葉は7%）、ベストセラー『人は見た目が9割』（竹内一郎／新潮社）などからも「見た目」は非常に大事です。

また講師に求められることの大きな一つが「旬情報」です。講師は「情報屋」です。専門分野はもちろん、多岐にわたる情報を持っているはずと受講者は思っています。研修の最初に行なうアイスブレイクなどは、旬情報をもとに軽いワークを行なったり、ペアで旬情報についてスピーチをさせて振り返り時には、講師としての視点や別の角度からの情報提供なども行ないます。

① 人材育成の基は経営者の思い

② 社内研修講師養成のカギをにぎるのはあなた

③ 社内研修講師をいかにバックアップするか

4 ▼ 求められるタイプから講師選定へ

>>> 社内研修講師にはどんな人が適任か？

いい講師、悪い講師ってどんな人、タイプですか？　あなたがこれまで受けてきたセミナーや研修をちょっと思い浮かべてください。話が上手い。面白い。タメになる。見た目がいい。さてどうでしょう？　なかなか一つにはくくれませんし、ピンとくる言葉がありませんね。

>>> 講師はどんなタイプがいい？

講師候補者にはさまざまな「スキル」を持っていることも求められますが、タイプとしてのキーワードは「協力的タイプ」、「支援的タイプ」です。多くのタイプがありますが、あなたがこのタイプがいいと思っても、講師を育てるプロジェクトを進めていくと、他メンバーによって違うタイプがいいと主張されることもあります。

「人は死ぬまでに能力はほんの一部しか発揮できない」と言われますが、教育していく過程で人はさまざまなスキルを発揮していきます。そのため「タイプ」としては、講師としての適性をベースに考えてその選定をすすめましょう。

まずはタイプを少し絞ってから、講師としてどんなスキルが求められるか、しっかりと把握してから検討していきましょう。

>>> 大前提として講師に求められるスキルは伝える力＝「コミュニケーションスキル」

このスキルは、他者と接する人であれば（＝社会人であれば）、１００％求められるスキルです。

「今の若い社員はコミュニケーション力が足りないんだよね」とは、私が社会人になった30年以上前からずっと耳にしてきました。なぜ若い社員はコミュニケーション力が足りないのか。それは「社会」という世界に入ったばかりで、「社会におけるコミュニケーション」に接する機会が少ないからです。ただそれだけなのです。

コミュニケーション力を構成する三つのスキル（傾聴力・理解力・表現力）

①傾聴力

このスキルの発揮が人はなかなかできません。相手がAと言っているのに、自分の感情や知識をもとにBやCに加工して受け取って聴いてしまいます。こうなると間違った情報を頭に残すので、的確な判断ができず間違ったことを相手に伝えたりします。ここでは「事実と意見は違う」ことを明確にする必要があります。私はこのスキルをキャリアコンサルタントの学びと実践において磨いています。

②理解力

相手が「Aと言っているけれど、本当はBと思っている」ことを、洞察力を駆使して判断しなくてはなりません。「言葉のみで判断」したら、間違えることも多々あるからです。傾聴力で相手の言葉を「そのまま」聴きながら、話をしている様子を見ながら洞察力を発揮して「言葉」だけではない情報から相手を的確に理解しましょう。洞察力は対人折衝力とも言い、他者との難しい折衝時に発揮されます。

③表現力

相手からの情報（バーバル&ノンバーバルコミュニケーション）を受け止めた後、相手に自分の思いが伝わるように表現しなければなりません。これは感情表現の喜怒哀楽だったり、ジェスチャーだったり、沈黙だったり。これも多くの人と接し、磨いていなければなかなか身につきません。

>>> さらに講師として求められるスキル

①プランニングスキル

研修を企画立案するスキルですが、「仕事は段取り八分」と言われるように、「誰に」、「どんな課題を」、「どのように解決してほしいか」を学ばせるか考える＝企むことが求められます。

またＯｆｆ－ＪＴという研修の場だからこそ、知識だけでなく他の受講者と共感できる場づくりが必要です。ここでどんなシナジーを生むか。積み重ねた研修の実践とともに、現場情報を摑み、どんな展開を仕掛けるか、クリエイティブな発想も求められます。

②ファシリテーションスキル

ファシリテーションスキルとは、物事をスムーズに進めていけるよう調整する力です。

最近では会議で司会者が上手く進行できないと、「しっかりファシリテートするように」など言われます。昔の司会者は「時間通りに進める」だけでよかったと思いますが、今はさまざまな意見を「どのようにまとめるか」、意見が全然出ないときに「どう意見を引き出すか」など状況に応じた進め方が求められ、最終的に参加者全員の合意形成が必要とされます。そのために会議において司会者は、最終ゴールをイメージしておかなくてはなりません。

③インストラクションスキル

いわゆるインストラクターのスキルです。インストラクターとはスポーツなどでの「指導員」としてよく耳にしますね。専門性のある仕事における知識や経験をもとに、相手に内容を理解させたうえで実践できるよう指導する能力で、研修においても研修内容に関する知識があることは講師としてもちろんですが、知識があっても、「教える技術」がなければ相手には伝わりません。

講師候補者との面談

最後に、講師候補者に対してタイプ、スキルなどで選定後、候補者へ「社内講師」としてチャレンジする意志の共有確認が必要です。社内講師となることにどれだけやりがいがあるか、これからのキャリアにどのようにプラスなるかなどから、社内評価なども加えて検討し明確に伝える必要があります。この点は経営陣とともに「講師を育て上げる」思いを伝えましょう。

① 社内研修講師をさまざまなスキルから探してみましょう

② あらためて講師に必要なコミュニケーション力を考えてみましょう

③ 講師候補者に「コミュニケーション力」について聞いてみましょう

5 ▾ 社内プロジェクト発足（0ケ月目）

さて、いよいよ社内研修講師養成プロジェクトの発足です。

まずは、あなたがプロジェクトリーダーになります。そしてプロジェクトリーダーのもと、プロジェクトに賛同しメンバーとなりたい人を招集しましょう。

まずは企画書を書きましょう。別添の「社内研修講師養成プロジェクトタイムスケジュール」の流れに合わせて、各項目をおさえた企画書を作成しましょう。

≫ 経営陣への提言

企画書ができ上がったら、経営陣へのプレゼンを行ないましょう。ここは組織の大きさにもよりますが、中小企業であれば取締役の方々へ直接のアプローチができるはずです。ここはビビらずにしっかり想いと形をぶつけましょう。ここまで読んで、どれだけ社内研修講師を養成することが大切かご理解いただいたと思いますので、どのように展開していくかワクワク楽しみながら進めていきましょう。

次に承認を得たら、経営陣から全社へコミットメントしてもらいましょう。今回の「社内研修講師養成プロジェクト」について、あなたが書いた企画書をベースに経営陣の人材育成に対する思い、これからプロジェクトを創ってすすめていくことを伝えてもらいます。中長期視点に立てば、社内講師が続々生まれ、社内のコミュニケーションの活性化の一役を担い、社内だけでなく、社外へ講師として出向くことができるようになること、そしていわゆる「働き方改革」の一環である「副業」にもつながる機会の創造になり、経営陣とプロジェクトメンバーによる社内改革にまでにもつながる案件となるでしょう。

>>>「PDCAサイクル」を回す

①計画（PLAN）

「段取り八分」と言われるように、まずは計画が一番重要なポイントになります。プロジェクトを始めるにあたって、「経営陣への提言」を先に書きましたが、もちろん「絵を描く」ことが一番目です。これは「社内研修講師養成プロジェクトタイムスケジュール」に基づいて企画書が完成してからの動きとなります。

「社内研修講師を養成するために」は誰に、どの組織に、どう動いてもらうか、そしてそのスケジュールは、といった具合に見通しを立て、プロジェクトメンバーが招集された後は、各項目を確認するミーティングを行ない、メンバーや関係部署、関係者と全体像を明確化してスケジュールを共有しましょう。

②実行（DO）

計画が出来上がったらいよいよ実行です。

さまざまな見通しを立てたプロジェクトがスタートすると、各メンバーがそれぞれの役割を認識して稼働しなければなりません。数人のプロジェクトであればお互いの進捗状況などわかりますが、大人数となると、お互いの状況把握が難しくなります。そのため、定期的なミーティングはもちろん、最近流行りのＺｏｏｍなどを駆使してうまくプロジェクトを進め、メンバー間のコンセンサスを得ていくことが必要でしょう。計画に基づきながら「方向性（考え方）」は変えずに、「進め方（やり方）」はフレキシブルに変えながら進めていきましょう。

③評価（CHECK）

②の実行した結果に対して確認・評価することが「ＣＨＥＣＫ」です。「社内研修講師養成プロジェクトタイムスケジュール」から、「それぞれの目標を実現できているか」を評価しあいます。

この「ＰＤＣＡサイクル」の中でも最も大切なものがＣＨＥＣＫです。

私自身も一番苦手なのがこの「ＣＨＥＣＫ」です。弊社の研修では研修後のオリジナル企画「振り返りシート」が一つの目玉なのですが。本来の「ＰＬＡＮ→ＤＯ→ＣＨＥＣＫ→ＡＣＴ」

のサイクルが評価＝見直しをしない「ＰＬＡＮ→ＤＯ→ＰＬＡＮ→ＤＯ→」となって、「やりっぱなし」の状態が多くの仕事で見受けられます。ここはしっかりお互いに「ＣＨＥＣＫ」し合わないと、改善までにつながらず、プロジェクトが頓挫しかねません。

そのために、やはり定期的な情報交換や打ち合わせで「ＣＨＥＣＫ！　ＣＨＥＣＫ！　ＣＨＥＣＫ！」です。軌道修正を行なうことで道は開けます。お互いにキツいものですが、このＣＨＥＣＫがプロジェクトを成功させると思っていきましょう。

④ACT（改善）

「ＰＬＡＮ→ＤＯ→ＣＨＥＣＫ→ＡＣＴ」のサイクルの仕上げが「ＡＣＴ」＝改善です。この改善では、キツい思いをして「ＣＨＥＣＫ」したことで出た課題を解決する「改善策」を立てなければなりません。その「改善策」が次の「ＰＬＡＮ」につなげられるよう意識して立案していくと、このサイクルが好循環していきます。

そうなればこの好循環が、プロジェクトリーダーとしてのリーダーシップの発揮にも好影響を与えます。これによりプロジェクトメンバーは、チームの一体感を高めることや関係性を高め、信頼を得ることに主体性を発揮し、プロジェクトを「自分事」として当事者意識を持ち、前進するパワーに変えていくはずです。そうすれば必ずこのプロジェクトは成功に向かって導かれるでしょう。

社内研修講師養成プロジェクト　スケジュール

株式会社ライズ

項目	内容	0か月目	1ヶ月目	2ヶ月目	3ヶ月目	4ヶ月目	5ヶ月目	6ヶ月目
プロジェクトリーダー (PL)	経営陣への提案	●						
	メンバ-招集		●					
	プロジェクト承認	●						
	全社への宣言	●						
プロジェクトメンバー (PM)	月次MYG開催		●	●	●	●	●	●
	体制づくり			●	●	●		
	課題ヒアリング				●			
	仕組みづくり						●	
	講師選定		公募		オーディション	確定	打合せ	
	外部ブレーン選定			選定		確定		
社内講師	ブレーンと打合せ					確定	●	●
	自主トレ						●	●
	登壇							●
外部ブレーン (提携企業・講師)	プロジェクトへ提案			●				
	プロジェクトとの打合せ					●	●	●

①社内プロジェクトは楽しく推進力を高めよう
②社内プロジェクトの進め方はＰＤＣＡサイクルで
③社内プロジェクトで社内全体を活性化させよう

6 ▼ プロジェクトメンバーの招集（1ヶ月目）

プロジェクトを推進して成功への道を進むためには、必要なメンバーを集めなければなりません。もちろん、ただ数を揃えればいいというものではなく、それぞれ必要なスキルや能力を持ったメンバーを集める必要があります。そのためあなたがリーダーとして、押さえておくポイントがいくつかあります。

≫ リーダーシップを発揮する

(1) 方向性を一つにする

任された業務の進め方は人それぞれですが、「自分たちが乗っている船がどこに向かっているのか」を、プロジェクトメンバー全員が知っておくことは大切です。これはビジョンなどと似ていますが、メンバーはあなたと違ってあなたに「集められた立場」の人です。あなたの構想のスタートから加わっているのではないので、このプロジェクトのビジョンは描けません。リーダーの思いとともに、この理念を書いてアジトに掲げましょう！

(2) 失敗する権利を与える

これから何かとメンバーが失敗することを目の当たりにするでしょう。リーダーとしてのあなたの想いや進め方になかなかついてこられないメンバーが現われ、「あんなにちゃんと教えたのに」という気持ちになることでしょう。しかしプロジェクトメンバーは直接の部下でもないし、ここはアンガーマネジメントの発揮も必要です。できない部下がびくびくしていてはプラスの動きはできません。ここは「このプロジェクトは前例がないし、やってみないとわからないから、まずは思い切ってやってみよう！」と声かけしましょう。メンバーには行動責任が、リーダーには結果責任が求められるので、あなたがしっかりと後ろで見守ってあげましょう。

(3) 仕組み化する

これはスケジュールをはじめ、誰が、何を、いつまでに行なうかなど、スケジュールをもとにプロジェクトを進める「仕組み」を作っておく必要があります。通常の仕事もさまざまな「仕組み」が組み込まれていますが、「プロジェクト」のような組織で、招集されたメンバーが主体性を持っていればいるほど、個人個人が属人的活動に走りがちです。それを仕組み化することで、他メンバーがフォローしたり、代役を買って出て担当することもでき、プロジェクトが予定通りスムーズに進められます。

>>> プロジェクト運営も人材育成

(1) メンバーの数は一桁で

「メンバー数は6、7名」で「1部署1名」が適当でしょう。メンバー数においては、私が社会人となってから多くのチームを見てきましたが、密にマネジメントできる人数は6、7名ぐらいがちょうどよいと思います。リーダー一人が目の届くほどよい人数です。

プロジェクトメンバーを集める場合、それぞれ特徴を持つメンバーを集めることが大切です。まずプロジェクトの対象となる領域（人材育成）について高い専門性を有する人材が必須です。ここは外部と折衝も絡んできますので、人事や総務部門が適当だと思いますが、そこにこだわらず、営業系のリーダーなどでも可能だと思います。営業系リーダーであれば、商品を売るための対人折衝力にたけているでしょうし、リーダーとして部下の教育も当然やっている、という前提です。

(2) 最初が肝心

キックオフをしましょう！

通常業務でなくプロジェクトです。「20XX年、あのプロジェクトに関わったメンバー」として社歴に残すんだという意気込みで、熱く楽しくやれるようスタートしましょう。

平成の時代はバブル崩壊、リーマンショック、そしてアベノミクス、令和になって景気上向き加減からコロナショック、と景気がガラッと変わってきました。また中小企業は景気がいい時でもそこまで良くなく、「景気いいのは大手と首都圏。地方と中小は相変わらず厳しい」という声だったのが、コロナショックで一気に厳しい環境になっています。

そんななか、「働き方改革」のなかで生産性を高め効率を求めた組織が「ギスギスした職場」と言われ、「コミュニケーション不足」の状態が続いています。だからこそ、このプロジェクトが楽しそうにやっていれば、社内の興味関心が高まり、相乗効果が生まれます。

(3) 計画変更はフレキシブルに

予定は未定ではないですが、物事には計画通りに進まないものです。プロジェクトの成功には「目標は変えない」、「スケジュールチェック」「メンバーマネジメント」などがポイントになりますが、会社のさまざまな動き、イベントなどで状況が変わることがあります。またメンバーの稼働状況によってもスケジュール通りに進まないこともあります。ここはフレキシブル（柔軟）に対応しましょう。

① 社内プロジェクトのリーダーはあなた
② 社内プロジェクトメンバーに主体性を持たせよう
③ 社内プロジェクトの組織力をあげていこう

7▸プロジェクト体制づくり（2ヶ月目〜）

≫ 御社には教育研修体系図はありますか？

これは人材育成に関して、経営計画書や経営戦略に基づいて一目でわかるようにしたもので、人材育成方針などから具体化したものです。従業員が自分の職級で、これからどんなことを学ぶのかなどを、全社共通のもののほかに階層別、職種別、専門別などを網羅したものです。体系図は組織の規模や業態によってさまざまですが、現在の従業員に対してはもちろん、これから採用する従業員に対して、「弊社の教育体系はこのようになっています」と提示することができれば、小さくともしっかり人材教育を考えて実践しているんだ、と他社との差別化を図ることができます。

≫ 人材育成の基本方針

これは、会社が企業理念などに謳っていることに合わせて、従業員をどのような人材に育てていくか、どのような能力やスキルを発揮させるかといった人材育成の方向性を具体的に示したもので、「求める人物像」などを記している場合もあります。

「求める人物像」と言えば、私がリクルートで求人広告の営業をしていた時に、求人を検討している経営者や人事担当者に「御社が求める人はどんなタイプですか？　何を重視しますか？」と聞いていました。この点について、「求人広告を作るにあたって、まずはターゲット設定が大事だからな」と先輩から口酸っぱく言われていたのを思い出します。「元気で明るくて素直でまじめで」なんてヒアリングして帰ってくると、「どんなヒアリングをしてるんだ。それじゃ、ターゲット設定になっていないだろう。もう一回ちゃんとヒアリングしてこい！」と怒られていたものでした。と、今思い返してみると、その通りだなと思います。

たとえば、リクルートホールディングスの「人材開発の考え方」は、国内グループ会社では、「価値の源泉は人」と考えています。

従業員に対するベースとなる考え方は「一人ひとりが起業家精神を持ち成長を続ける」ことです。そのために「成長する機会を提供する」ことが人材マネジメントの役割です。リクルートグループは業務、自己啓発研修を通じて一人ひとりが成長する機会を提供することにコミットしています。

国内グループ会社では、これまでグループ内で暗黙的に大切にされてきた価値観を「6つのスキル4つのスタンス」として整理しています。評価や育成の場面では、特に「自分はどう考え、何をすべきだと思っているのか」を常に問う「圧倒的な当事者意識」を持つ人材となることを重視し、国内グループ会社で実践しています。

これは一例ですが、組織はそこで働く人材をどのように考えて支援するか、は必ず問われます。そこで働く人がいる限り、「従業員にはこうあってほしい」というものは不可欠でしょう。

》人材育成の基本方針による効果

人材育成の基本方針を掲げることでどんな効果があるのでしょう。「人材育成を行なう目的を明確にする」ことは、時間をかけないとなかなか掲げることはできません。そのぶん、「従業員にはこうあってほしい」という思いが伝わります。

(1) 従業員のモチベーションを高める

方向性が明確になることによって、従業員一人ひとりが何をやるべきかが見えてくるので、おのずとモチベーションは上がり、生産性の向上などから意識向上にまでつながります。組織は従業員のモチベーションをいかに上げるか、高いところでキープするか常に苦労しています。そこでこの人材育成基本方針がその解決の一端を担っています。

(2) 従業員の業績アップにつながる

方向性が明確になり意識が向上すれば、従業員の仕事に対する成果もおのずと上がり、業績貢献から組織力向上などにも好影響を与えるでしょう。

このようにいいことだらけの人材育成の基本方針ですが、ややもすると掲げただけで終わっていたり、クレドまで作成していても形骸化していたりする会社も見られます。これではせっかく作り上げられた人材育成基本方針が「絵にかいた餅」状態になってしまいますので、気をつけましょう。（クレド（Credo）とは「信条」「志」「約束」を意味するラテン語で、企業活動のより所となる価値観や行動規範を簡潔に表現した文言、あるいはそれを記したツールを指します）

>>> 教育研修体系図

教育研修体系図は前述した人材育成の基本方針に基づき、全従業員を網羅したうえで、それぞれの階層（職級や役職）に対してどのような教育をしていくか、どんな期待、要望そして課題を提示していくかをまとめた図のことです。作成者は、経営者をはじめ各現場を見ながら、定期的な見直しをすることが必要になります。また全従業員共通項目については、今叫ばれている「働き方改革」をはじめ、リスクマネジメント、コンプライアンス、メンタルヘルスケアなど旬な情報にも感度を鋭く持ち、今従業員に必要なことは何かを常に問う姿勢が求められます。

①自社の教育体系図を見てみよう

②他社の教育体制・教育体系図を探ってみよう

③自社の人材育成の基本方針を改めて確かめよう

8 ▼ 外部ブレーンとの連携（2か月目〜）

今、行なっている研修はどんな感じですか？

そしてその研修はうまくいっていますか？「研修がうまくいく」と言っても何をもってうまくいっているか判断するのは難しいですが、ここは「成果が出ているか」です。ただ成果の上がる研修を最初から行なうには社内だけではとても賄いきれません。ですので、外部ブレーンとして研修会社や外部講師と提携して「教育研修」を展開する必要があります。

≫ ブレーンとは

ブレーンって響き、いいなぁと思っています。リクルート時代、「ブレーンさん」って言葉が飛び交っていました。ブレーンって何？　誰？　と思っていたら、広告に関わるデザイナー、ライター、プランナー、そしてカメラマンなど、フリーランスの方で、なんかカッコイイなぁと当時は思っていました。ブレーンとは直訳すると「頭脳」ですが、「その道のプロ」、「専門家」です。社外に「人材育成専門のブレーン」を持っておくと、社内では出てこないアイデアや知恵をもらい、自社に貢献してもらえる可能性が高まります。講師養成については必

〈研修会社と研修講師のメリット・デメリット〉

	メリット	デメリット
研修会社	・情報量の豊富さ →プログラムなど ・問い合わせのしやすさ →担当者がついている ・組織としての対応ができる →契約、請求などの安心感	・費用の割高感 →間接部門があるためそのイメージあり ・講師選定が不明瞭 →講師の顔、スキルなどが見えない ・担当制によるスピードのばらつき →担当により問合せ等に時間がかかる
研修講師	・対応スピードの早さ →直接何でも話せる ・費用の割安感 →直接個人の取引が多い ・講師の専門性が明確 →ミスマッチが起こりにくい	・企画変更しにくい →専門性がある分、変更がききにくい ・打ち合わせの頻度 →代わりがいないリスクがある ・日程が合わない場合がある →人気講師だと、日程を合わせにくい

須となるので、ブレーンの選定を間違えないようにしなければなりません。ここは研修会社や講師と複数あってから、この会社、この講師と「握れるか」をしっかり見て提携しましょう。

》研修会社・講師の現状

研修を外部に依頼する場合、大きく研修会社と研修講師の二つの窓口があります。

研修会社は研修の企画・運営はもちろん研修講師を社内に抱えていたり多数の講師と提携しており、大手から中堅中小企業まで多数あります。概ね人材領域中心に会社が成り立っており、中小企業は経営者が人材領域での実績をもって創業しているパターンが多いようです。

一方、研修講師は個人事業主が多く、研修の企画・運営を担当しながら自分自身で講師を務める方や、研修会社などから講師の仕事を受ける方などがいます。

>>> 今の提携講師はいかがですか？

それぞれのメリット・デメリットを前ページの図で示していますので、ここは「講師」について述べたいと思います。

私は研修講師は「しゃべるモデル」と思っています。

ファッションモデルはそのスタイルから身のこなし、歩き方など、一挙手一投足が見られます。研修講師はこれに「しゃべる＝発言する」力がプラスして求められます。どんなにすばらしいプログラムであり、テキストや資料が充実していても、研修講師がそのレベルになければ、成果を出すことはできません。

「新入社員向けビジネスマナー講座」と「リーダー管理職養成講座」であれば、同じ球技でも野球とサッカーぐらい違うと思います。それぞれの対象者に合わせて、的確にテーマに合わせた成果を出す研修を行なえるかが求められるので、講師は、常にスキルを維持増強するための研鑽が求められます。

講師選定について聞いてほしい質問は二つです。

①あなた（研修講師）は、どのように自分の専門分野を磨いていますか？

②あなたは自分の講師場面を見ていますか？

①については講師の回答から、その人のレベルや専門分野に対する現状はもちろん、「研修」という「仕事に対する姿勢」と「人間性」が見えてくるはずです。ここで「この人に頼もう」と思えるかどうか見えてきます。

②については先述した通り研修講師は「しゃべるモデル」です。モデルは何度も何度も歩き方の指導を受けているし、自分の実際の映像を見てトレーニングしているはずです。講師も同様です。この点について私は契約したいという講師には必ずする質問です。これによって「自分という商品」を磨いているかが見えてきますからね。

①これまで受けた研修を見直そう

②これまでやり取りした研修会社・講師をピックアップしよう

③研修講師が大事にしていることを聞いてみよう

▼組織の課題ヒアリング（3ヶ月目～）

研修の成果の先にあるもの

研修の目的は従業員が「現場で成果を出すこと」と言ってきましたが、その先にあるものは何でしょう。組織においては、個人が成長し現場で成果を出すことで組織貢献し、それが事業発展につながります。そこで組織において求められることが「生産性の向上」です。

生産性とは、限られた資源である人・モノ・カネ・情報を最大限活用し目指す成果を生み出すことで、組織は常に「生産性の向上」を求めています。生産性を上げるために重要なものはたくさんありますが、「組織の方向性を一つにすること」、「職場環境を整えること」、「従業員一人ひとりのモチベーションをあげること」の三つは特に重要です。

働き方改革とAIの出現

ＡＩ（人工知能）の研究を行なっているオックスフォード大学のマイケル・Ａ・オズボーン准教授が同大学のカール・ベネディクト・フライ研究員とともに著した『雇用の未来―コンピューターに取って代わられる確率を試算して、「消える職業」、「なくなる仕事」を示し、世界に衝撃を与えました。その一方で、２０１８年には「働き方改革関連法」が成立され、大手企業では「テレワーク制度の導入」や「副業ＯＫ」が進み、２０１９年からは有給休暇の５日取得が義務付けられるようになりました。

このように新しい制度が次々と導入される中、組織をマネジメントする「リーダー」、そしてこのリーダーのさまざまな能力の発揮が組織を左右します。そこでこのリーダーに絞って課題を少し探ってみましょう。

>>> リーダー（中堅社員）の課題

組織の研修を企画する中で、経営者や幹部に「どの階層を強化したいですか？」また「どの階層に課題が多くありますか？」とヒアリングをすると、「リーダークラス」、「中堅社員」と呼ばれる層を提示されることが大半です。この層に関しては、組織によって役職一つとってもバラバラですし、育ってきた環境も違えばキャリアも違います。いわゆる扇形に散らばっている層です。新卒で一つの組織で育てられた人もいれば、転職を繰り返してキャリアを積んできた人もいます。そういった人たちがこの層には混在しています。

(1) リーダーとしてのスキルアップの場の消失

１９９０年以降のバブル崩壊後、大手企業をはじめ多くの企業で新卒採用を手控えたことで、部下を持たない層が増えたことにより、それまで多かった「ピラミッド型」の組織から「フラット」なものが増え、リーダーが後輩の面倒を見たり、上司から部下指導についてのアドバイスをもらうことがなくなりました。それにより、部下を持たない役職者となり、組織内での立ち位置と役割（役職）のギャップや組織的ひずみが生まれ、リーダーが組織内でスキルアップする場を失っていた状態が続いていました。

⑵ 小粒化したリーダー

「リクルートマネジメントソリューションズ／人材マネジメント実態調査２０１８」によれば多くの企業で「中堅社員の小粒化」を問題視する声が聞かれます。この調査では、会社で表出している問題をたずねたところ、「中堅社員の小粒化」に「あてはまる」「ややあてはまる」と回答した企業の合計は76・4％にのぼり、「次世代の経営を担う人材が育っていない」、「ミドルマネジメント層の負担が過重になっている」に次いで第3位となっています。

一方で、中堅社員と呼ばれる層は幅広く、年齢や役割もさまざまで一括りにして考えにくいため、ミドルマネジメントの強化や次世代経営人材の育成に比べて、検討の優先順位が下がりがちです。しかし、少し先を見据えると、中堅社員の小粒化を放置することは、将来のミドルマネジメントの弱体化につながりかねません。

(3) キャリアプランが見通せない

アベノミクス効果から好景気と言われているのに若年リーダーの多くが、先を見通せない不安を抱えています。これからはリーマンショックからさまざまに多様化してきた働き方が「働き方改革」や「ＡＩの出現」、「副業ＯＫ」などでさらに加速するでしょう。これによって、リーダーとしてのキャリアプランを見出せないまま、組織からの部下マネジメントについての要求度は高まります。ここは階層別ではなく、リーダー一人ひとり個別に対するキャリア・コンサルティングが必要となるでしょう。

① 「働き方改革」の概要について語れるようにしておこう
② 10年後の仕事のやり方がどうなっているか議論してみよう
③ リーダーが今求められていることをプロジェクトで共有しよう

10▼研修の成果を見る仕組みづくり（5ヶ月目〜）

研修の成果を見ることは研修後の必須のテーマです。何を持って成果と言うか。あらゆる商品はその結果（成果）が求められます。

たとえば、500円のAコーヒーを買った人が飲んでみて「おいしい」と感じれば、「おいしいからまた飲もう」と、また500円を払ってAコーヒーを買います。一方で、600円のBコーヒーを買った人が飲んでみて「おいしくない」と感じれば、「おいしくないからBコーヒーはもう飲みたくない」とBコーヒーは買わなくなります。これがAコーヒー、Bコーヒーのそれぞれの成果です。これは飲んだ人の感度によるものです。これで、AコーヒーがよくてBコーヒーが悪いのか、と決めつけるのも難しいところです。「人の感覚（味覚）」という曖昧なところに起因します。「売れているからいい商品」で「売れていないから悪い商品」とも言い難い。

研修においても同様に、この曖昧さはついてきます。この曖昧さをどう成果の判断に結びつけるか。成果につながらない研修は、実施する意味はありません。現場で実践して成果が生まれてはじめて「研修の成果があった」と言われます。しかし「研修を実施すること自体」が目的化してしまっている組織も少なくありません。

≫ 弊社の成果事例

弊社の研修に対して評価いただき、研修をスタートして8年目に突入した組織が複数あります。そのトップの方に、「なぜ弊社の商品（研修）を継続利用していただいているのでしょうか？」と質問すると、「研修自体『中身が面白いこと』、『タメになること』はもちろんですが、部下が『現場で学んだスキルを使ったら、お客様の反応がそれまでと違った』という手ごたえをいくつも感じてくれているからですね」また「研修後の『成果』は大きなものではなく、小さな変化が至るところで起き続けているからです」と言ってもらっています。

このように、それぞれのお客様が他にはない手応えを感じていただいています。これも言ってみれば、それぞれお客様の「感覚」です。ここに弊社の場合は次のような振り返りシートというアンケートとは違うシートを活用しています。

≫ 成果の顕在化

弊社ではオリジナルツール「振り返りシート」でお客様の反応を「見える化」しています。

受講者に研修受講後、Ａ４／１枚にたっぷり文章を書いてもらいます。Ａ４／１枚といえば、受講後アンケートとしてよくあるボリュームだと思いますが、このシートの内容は「何を学んだか振り返る」、「学んだことを現場にどう生かすか」、そして最後に「これから１ヶ月の短期目標」を書いてもらうようになっています。

連続研修の場合、次月の研修の最初に、このことについて振り返る時間を担当講師に必ず設けてもらいます。受講者のほうは、１ヶ月ぶりであれば誰でもほとんど忘れています。それはそれでよしとし、１ヶ月前に自分たちが何を学んだのかを思い出してもらうことが大切だと思っています。そして、これを経営者や上司とすり合わせ、進捗チェックなどを社内で行なってもらいます。

ここが研修後の「キモ」となります。研修後の取組みについてレポート化する方法はよく目にしますが、ややもすると「やりっぱなし」で、受講者が「書いて終わり」のパターンが多いようです。これでは研修が無駄になります。ですから、研修後の振り返りとして、目標設定したら、発表する場が必要です。

>>> 進捗チェックの面談

研修で設定した目標に対して受講者がちゃんと進めているのか、どのような点がうまくいき、どのような点がうまくいっていないのか、をチェックしてもらいます。これは受講者が研修の最後に「コミットメント（宣言／私は○○を実践していきます！）」「●●できるようになります！」なんて言葉を発表することがありますが、このコメントを現場で「目標化」しチェックしていくことが大切です。

これがなければ、やりっぱなしの研修で残念な結果につながります。受講者が研修で学んで立てた目標を、上司が面談において受講者とともに「現場に活かせる目標」として作り上げ、上司を含めて組織的に見続けることで受講者の変化を呼び起こし、成長につなげられます。

>>> "振り返る"場づくりが大切

研修後に職場で受講者が学んできたことを、社内で広報することは非常に大切です。

職場には、そこで働く従業員が「集まる場」が朝礼、朝会、打合せ、会議、勉強会、発表会、月次報告会、年次キックオフなどさまざまあります。ここで、受講者には研修直後に成果や体験発表をしてもらうことで、受講者はもちろん、その場にいるメンバーにとってもプラスになります。発表時間もその場その場に合わせて「1分一言」もあれば10分や15分、はたまた1時間の「研修報告会」なんて開くと、すばらしいアフターフォローとなります。

こういったフォローを実施し、「学ぶ場」があることをアピールすることで「学ぶ力」がより社内全体で発揮されていき、事業発展への道につながります。

① 自社の研修の成果を見直そう

② 研修の成果をどのように仕組み化するか、プロジェクトで議論してみよう

③ 将来につながる成果の出し方を検討しよう

社内研修講師養成プロジェクト ステップ1

企画編

CHAPTER 03

プロジェクトリーダーとして、未来の講師が見出せそうですか？

3章は講師候補者に社内のさまざまな部署で経験を積んで、講師としてのスキルを実践で発揮してもらう内容となっています。「社外研修を受ける」から「採用の現場に立ち会う」までは、講師候補者が現時点で知識として理解したうえで、それぞれの場面に参加する、立ち会うことで4章以降に生きてきます。さらに仕上げとして、「課題100本ノック」のテーマに対して企画力を発揮し、「研修プログラム25本ノック」ではテーマに対してシナリオまでイメージすることで、講師候補者の構成力や課題解決力を発揮できるような構成にしています。

1 ▾ 社外研修を受ける

私は、社会人として株式会社リクルートに入った後、4月から1ヶ月間、東京に缶詰状態で新人研修（社内研修）を、9時～17時でびっしりと受けてきました。

その後も多くの研修を受けてきましたが、社外のビジネスマンと研修を受けたときは、かなり衝撃的だったことを覚えています。社内だと、その会社の経営理念（リクルートは当時社是）や組織・上司に共感して日々仕事をしていますから、自ずと考え方やタイプが似てくるもので、当時のリクルートは、大学のサークル的なノリで、公私ごちゃまぜな人が多かったのですが、研修で同席した大手機械メーカーの技術者は、時間内で仕事を終えて趣味に精を出したり、経理事務の仕事をしている人は、とにかく家庭が大事と、当時「スペシャラリーマン」という言葉や「やりがい」という言葉を流行らせたリクルートにいた私にとって、他社との仕事に対する価値観の違いに触れて、驚きながらも「そんな考え方もあるんだ」、と感じました。

今振り返ると、あの頃の経験が少なからず、自身の幅を広げたり、複眼的視点を持つことに役立ったなぁと感じています。

>>> 社外研修とは

さて、そんな研修の場面をお伝えしましたが、このように研修というと、社内研修をイメージするでしょうが、一方で他組織の方と一緒に学ぶ社外研修があります。

社外研修とは、外部の教育会社や公的機関などが企画運営している研修で、他社の企業の従業員とともに一緒に参加する形式のものです。社外研修として開催している組織は、大手企業のリクルートマネジメントソリューションズ、リンクアンドモチベーション、トーマツイノベーション、アチーブメント、インソースをはじめ、メーカー系ではＮＥＣフィールディング、富士通ラーニングメディア、大手金融系ではＳＭＢＣコンサルティング、三菱ＵＦＪリサーチ&コンサルティング、地方銀行系では（福岡で）ＦＦＧビジネスコンサルティング（福岡銀行系）、ＮＣＢリサーチ&コンサルティング（西日本シティ銀行系）、出版系ではベネッセコーポレーション、公文教育研究会、学研ホールディングスなどがあり、地域ごとに見ると、さらに多数あります。

また、独立行政法人労働政策研究・研修機構、公益財団法人日本生産性本部などの組織や、各地域の商工会議所なども、研修組織として存在しています。列記するだけで枚挙にいとまがありませんが、検索するとあふれるほどの数の研修会社・団体があります。また、私が年に1，2回登壇させていただいている地元福岡の商工会議所も、多くの研修プログラムを策定され、会員向けには特別価格などを設定して実施しています。

社外研修のメリット

社外研修のメリットはいくつかありますが、何と言っても、他流試合として他社の従業員と時間をともにして、さまざまな価値観に出会い共有することで、刺激を受けて自分自身の立ち位置がわかることです。

たとえば、私が行なっているリーダーシップ研修で、「理想のリーダーは?・」というテーマでディスカッションを行なうと、社内研修だと、実際にいる「○○部長が理想のリーダーだ」

とか、答えが似通ってきますが、これが社外の人同士だとギャップが生まれます。それぞれの上司を思い浮かべた答えに対して、その理由や背景を聞くことで、その上司個人だけではなく、会社の考え方の違いにも気づくことがあります。これは、企業規模や業界によっても変わってきます。「えっ、それって、ウチじゃあ普通なんだけど」と、戸惑いながらもこういった違いを体感することで、自社や自分自身について再認識し、「気づき」が生まれます。

次に、視野が広がるという点です。

私が、リクルートで人材系の広告営業を行なっていた時に参加した研修のディスカッション時、同席したシステムエンジニアや機械系社員は、まず言葉が少ない、相手の目を見ない、という傾向に驚きました。今でこそ、人と接することが少ない（ない）仕事をしている人は、「対話力が育まれていなかったりするので仕方がない」と理解していますが、当時は、「何で、この人たち、しゃべらないんだろう」「何で、話す時にうつむいて目を合わせないんだろう」「ヤル気あるのかな」などと思っていました。それが、時間を経て関係性がよくなってくると、「何だ、いいヤツじゃん」という印象に変わりました。もちろん、人によって価値観は違いますが、相手を理解して違いを認識すると、単眼的視点から複眼的視点を持てるようになります。さらに、それぞれの考え方がわかると、一個人も組織（環境）によって変わるんだとわかってきました。

また、社外のネットワーク構築にもつながります。自分から社外の人と会う、交流するという場面はなかなかないと思いますが、研修の場で同じグループになった方々と名刺交換をしてディスカッションすると相手への理解が深まり、気の合う人同士が研修をキッカケに、何度かやりとりをしたりしていることも見聞きします。

一方、デメリットとしては、会社から指示されて一人で参加した場合、そこで学んだ内容を社内で共有しにくい点があります。とくに、専門性が高かったり難易度が高い内容の研修ほど、一人で社内にフィードバックしても理解されなかったり、活用されないということがあります。このフィードバックができないと、せっかく受けた研修が活かされず、研修にかけたパワーが水の泡となりかねません。ここは、受講者が受講を終えてどう社内にフィードバックするか、しっかりと時間を設けて開催するなどの仕掛けが求められます。

① どんな社外研修があるか調べてみよう
② 社外研修を受けてみよう
③ 社外研修を講師目線で見てみよう

2 ▾ 会議の三役をやる

みなさんの会社の会議は、スムーズに進められていますか?

会議とは、参加者が集まって討議案件に対して意見を出し合い、コンセンサスを得て、意思決定するものです。一方で、単に報告などの情報伝達だけの場は会議ではなく、「報告会」となります。この区分けをハッキリしておくことが大切です。

また、前述の弊社作成の研修関連映像をＹｏｕＴｕｂｅにアップしている中でも「会議の進め方」が視聴回数１８０００回を突破し、他と比較してもダントツに高い数字となっています（２０２０年７月現在)。この数字から見ても、組織の「会議」に対する興味から課題、悩みの高さがうかがえます。

≫ 会議の現場の声

①意見が出ず、議論が進まない

司会者が参加者に意見を求めるものの、案件の当事者や関係者であっても発言が出ないことが多々あります。該当案件に対して、現状から課題点などはもちろん把握しているはずですが、「会議で発言する」となると、誰でもプレッシャーがかかります。意見が頭に浮かんでも、「これを言うとまずいんじゃないか」「こんなことを言ったら評価が下がる」などと思いがちです。その結果、議論が進まず、時間が無駄に過ぎてしまいます。

②発言する人に偏りがある

参加者が多いと、部長や課長、係長、主任など、どうしても役職の違う参加者が出てきます。部長が発言すると、課長以下はなかなか発言できません。これは、いつも同じ人が発言してしまうということにつながります。また司会者から指名されると、「○○部長と同じ意見です」と、議論ではなく一つの意見のみの確認となることが多くなります。ここには、当時者意識があるかどうかも問われますが、参加者の選定にも大きく関わってきます。

③時間通りに会議が終わらない

これは後にも述べますが、司会者が役割を発揮していなかったり、タイムキーパーが不在だったりすることが大きな要因です。司会者が時間内で、「何を何時までに議論するか」と決めておかないと、議論が伯仲した場合止められない状態になり、タイムオーバーとなりがちです。また、タイムキーパーがいれば、「何時までに終了」はもちろん、「この案件は何時までに決議しましょう」と、司会者と連携してしっかり段取りが組めるはずです。

≫ 会議の三原則

会議の三原則とは、タイムマネジメント（時間管理）とパートマネジメント（役割管理）とコミュニケーションマネジメント（発言管理）を合わせたものです。

〈1〉タイムマネジメント（時間管理）

⑴ 事前準備／資料の事前配布

デキる組織の会議は、資料が事前に参加者に配布されています。会議は、事前に提出された議題について「議論する場」です。デキない組織の会議は、会議の現場で資料を配布されて、参加者が熟考しないままに報告や議論を行ない、結果議論も深まらない、というムダの連鎖が起こります。そこで、資料制作者としては段取りよく、事前に資料をまとめて配布しておくことが必須です。

最近では、コスト削減も含め、大手だけでなく中小企業でもペーパー資料をなくし、ダブレット持参など、ＩＴ活用した形式をとる企業も増えています。さらにテレワークが急増した今、この傾向は加速していくでしょう。

⑵ 当日／時間通りに始めて時間通りに終わる

5分前行動は、新入社員の研修で言われることですから、会議も開始5分前には開催の準備を終えましょう。会議の開始時間が過ぎて「集まらない」、「座らない」、「静かにならない」、「遅れる人の連絡がない」という状態でも、司会者が開催宣言することが大切です。「新入社員にその姿（状態）を見せられるか」を考えたら、動き方の答えは決まってきます。

⑶ 開催後／報告書を配布する

会議の議事録をまとめる書記担当者を決めて、何が議論され、決定事項、検討案件、保留事項が何かなどの内容とともに、それぞれのデッドラインを表記し、当日もしくは次の日までに参加者全員に広報しましょう。

〈2〉パートマネジメント（役割管理）

会議には司会者、書記、タイムキーパーが必要ですので担当を決め、担当者は役割をはたしながら参加するように伝えましょう。

⑴ 司会

会議の進行はもちろん、時間配分、内容など議論全体を把握し、整理されているかを適宜、判断しながら、参加者全員に配慮し、発言をコントロールし、スムーズな進行を心掛けましょう。

⑵ 書記

メンバーの発言を的確に把握し、発表される内容を簡潔に取りまとめながら、自分自身も参加者として、必要な発言を行ないましょう。

⑶ タイムキーパー

議論する時間を的確に把握し、発言の長い人には一言伝えたり、経過時間を発信しながら自分自身も参加者として、必要な発言を行ないましょう。

〈3〉コミュニケーションマネジメント（発言管理）

(1) 発言を促進する

数時間に及ぶ会議で一言も発言しない人もいれば、話が長い人もいます。発言しない人は、何のためにそこにいるのかわかりません。たとえば、担当外の案件であっても理解を深めるため、わからなければ質問すべきであると考えましょう。

(2) テーマを仕分けする

議論が長引きそうだったら、「この案件はAさんとBさんの案件ですので、AさんとBさんで後ほど別途議論をお願いします」とか、「この案件はAさんとBさんの案件ですが、みなさんにもご意見を頂戴したく、ここで議論を続けます」など、司会者がしっかりとファシリテーションをすることが大切です。

(3) スピーディーな議論を目指す

これは、参加者全員に求められることですが、「話は簡潔に」、「今、この時に説明すべき内容か」などを考えて発言しましょう。

① 日々出席している会議の必要性を考えよう

② 会議の司会をやってみよう

③ 会議の三原則を頭に入れて会議を見てみよう

3 ▾ 会社を知る

多くの社会人が属する会社（株式会社や有限会社）とは何か。あらためて企業の存在意義などからいくつか見ていきましょう。これは、社内講師として「企業」について知っておくべき大事な情報です。

≫ 企業とは

企業とは、「利潤追求を目的として、継続的かつ計画的な意図のもとに、生産、販売、サービスなど各種の営利行為を実施する一個の統一された独立の経済的生活体」（ブリタニカ国際大百科事典 小項目事典）とありますが、企業は、「人・モノ・カネ・情報」を資源に生産や販売などの経済活動を行ない、付加価値をつけて、市場に商品やサービスを供給しています。

≫ 企業の命

企業の命って、どのくらいのものでしょう？「企業の寿命30年説」や「10年で企業が生き残るのは10％」などと、よく耳にすると思います。ここに関する数字は諸説あり、なかなか正確には出てきませんが、企業が生き残り続けることは容易ではないことは事実です。

世界を見渡してみると、創業200年以上の企業が約5600社あるなかで、半数以上の約3100社が日本に存在しています。その中で、最古の現存企業は金剛組という会社で、なんと飛鳥時代に創業されています。聖徳太子が四天王寺を建てるために百済から招いた、宮大工・金剛重光によって創業されたのがスタートだそうです。2005年まで金剛一族で経営され、その後2006年には経営破綻。現在は、高松建設のグループ会社となっていますが、1400年以上続く企業として知られています。

さらに日本には、「100年企業」（＝創業以来100年を経過した企業）が約3万社弱あり、上場会社3600社のうち、560社あまりが100年企業です。この数は、欧米諸国に比べて、かなり多いものです。総務省統計局の調べによれば、日本に存在する企業の数は、534万社以上あるとされています。一方で、廃業している企業数が80万社余りあります（『第69回日本統計年鑑 令和2年』第7章 企業活動「7―4　産業、存続・新設・廃業別民営事業所数及び従業者数（平成28年）」より）。

>>> 企業に求められること

20世紀の経営学者ピーター・ドラッカーは、出版した多くの本の中で「企業の目的は顧客の創造である」と言っています。さらに、「マーケティングとイノベーションだけが成果をもたらす」とも言っています。つまり、さまざまな組織や個人を顧客として捉え、そのニーズを満たすことが、企業の目的であり役割としています。ドラッカーは、「企業の目的と使命を定義するとき、出発点は一つしかない。顧客である。顧客によって事業は定義される」と断言しています。そして、組織の中核となるものが「マネジメント」であるとし、マネジメントには、大きく三つの役割があり、その役割が自らの機能をはたし、社会に貢献するものだとしています。

1、自らの組織に特有の使命をはたす

2、仕事を通じて、働く人たちを生かす

3、自らが社会に与える影響を処理するとともに、社会の問題解決に貢献する

>>> 事業を変化させてうまくいった企業

企業は、事業を永続発展させていかなければなりません。しかし、日々刻々と変わる経済環境に、時に大きな事業転換も迫られます。創業時はA事業で始めながら、環境の変化に合わせてB事業、C事業と変化させていく企業も多くあります。

たとえば、富士フイルム株式会社。かつてはフィルムメーカーで、国内で9割以上のマーケットシェアを持っていましたが、デジタルカメラが主流となってから、フィルムの売上げが激減し、今ではスマホに変わってきました。そこで、この市場変化により、今では医薬品や化粧品のメーカーに変身しています。

また、モンストで有名な株式会社ミクシィは、1987年創業した時は、求人情報サイト「Find Job！」の運営が主事業で、有限会社イー・マーキュリーを設立した後、mｉｘｉの運営を2006年に始めた会社です。そして、2013年にスマホゲームアプリ「モンスターストライク」の正式提供を開始し、今では売上げが1900億円を超える企業となっています。

「〝本業〟の現状と今後に対する企業の意識調査」（帝国データバンク2015／7／14）によると、創業時（設立時）と現在を比較して自社の〝本業〟が変化したかどうかをたずねたところ、「変化した」と回答した企業は47・7％となり、約半数の企業で創業以来、本業が変わっていることが明らかとなりました。

他方、「変化していない」も47・1％で、ほぼ拮抗する結果でした。また、今後10年間で自社の〝本業〟が変わる可能性があるかをたずねたところ、「可能性はある」が47・8％となり、「可能性はない」（33・1％）を14・7ポイントも上回りました。約半数の企業が、今後、〝本業〟が変わる可能性はあると見込んでいるとのこと。これにより、企業を継続発展させるかには、「変化対応力」が企業には必須ということがよくわかります。

①自社の歴史を見直そう

②自社のターニングポイントも見つけてみよう

③自社の10年後を考えてみよう

4▼人事の仕事を知ろう

社内講師として、「人・モノ・カネ・情報」の中で最も重要とされる「人」に関して担当する部署である人事部の現場を知ることは、講師にとっても大切なことです。人事部は、縁の下の力持ち的部署に見えますが、営業や企画で業績を上げたメンバーが配属されることもしばしばです。単なる事務方に見える人事部は、会社の中枢。社長をはじめ、幹部と従業員を結ぶ部署であり、「人」に関して多岐にわたる業務があります。ここは、「人を見る」点で講師としても知っておくべき大切な領域です。

≫ 人事の仕事

人事の仕事は、大きく人事制度の運用業務から、採用業務、教育・研修業務、労務関連業務などがあります。

（採用関連業務）

企業の永続発展には、従業員の採用は必須です。個人事業主でなければ、人を増やして組織を創り事業を拡げ、常に活性化させなければなりません。そこには「人材採用」が必要となります。「わが社に必要な人材はどんな人なのか」、「来期の新卒採用はどんな学生がいいか」、

「いつまでに何人、どの部署に必要か」などの採用イメージの計画に基づいて、新卒、中途など対象ごとに採用を行なう業務です。また急遽、欠員が出たので補充する採用などは、計画を立てる間もなく、即活動しなければならないこともあります。

新型コロナウイルスが発生するまでは、ここ数年、売手市場による人手不足が続き、大手求人検索サイトやハローワークではなかなか応募者が集まらないため、企業規模にかかわらず、採用形態も自社でオリジナルの採用を企画立案して活動することなど多様化しています。

（教育・研修業務）

人事にとって欠かせない仕事のひとつが、採用後の人材の教育・研修業務です。研修講師にとっては、まさにど真ん中の仕事です。教育＝研修と思われがちですが、教育の場は、現場での教育＝ＯＪＴやミーティング時の勉強会や研究会、個別面談や、仕事に関する資格取得の補助支援など、さまざまな形があります。こういった教育については、「研修」という場でないため、「教育する」側が意識するかしないかで、教育される側の成長の伸びが変わってきます。

（制度運用業務）

「等級制度」（能力・職務・役割ごとに等級を設け、従業員を序列化している制度）、「評価制度」（従業員の能力やスキル、会社への貢献度などについて評価し、昇進・昇給などの処遇に反映させる制度）、「賃金制度」（月給、賞与、退職金といった、会社が従業員に対して支払う報酬についての制度）の三つから成り立つ人事制度を、就業規則や会社のルールに基づいて運用することが、制度運用としての仕事となっています。また、人事評価・考課を役職者とともに運用することも求められます。

（労務関連業務）

従業員が、安心して業務に携われるように、社会保険の手続きから勤怠管理、給与計算、健康診断、福利厚生や安全衛生管理など労務面に関わる仕事です。

最近では、過労死やうつ病等、社会問題になっているメンタルヘルス対策についても、精通しておかなくてはなりません。企業規模によっては、人事ではなく、総務などの管理部門が行なったりしていますが、一人が担当する仕事の幅も、企業によってさまざまです。

≫ 求められるスキル

①コミュニケーション力

従業員を主とした社内の人との関わりが多いことから、やはりコミュニケーション能力が求められます。さまざまな役職・立場の人を相手にするため、その場その場での臨機応変な対応としてのコミュニケーション能力、対人折衝力が求められます。場合によっては、経営陣とのやりとりがあるので、さらに幅広い視点が必要となります。また社外では、人事に関するプロの社会保険労務士や産業医などの専門家とのやりとりもこなさなければなりません。

②情報収集力

経営陣とのやり取りでは、コミュニケーション力に加え、社内情報に精通していなければならないため、情報収集力が求められます。社内はもちろん、世間で「人事」に関する情報では何が旬なのか、それを自社でどう取り組めばいいのか、などについての情報を提案できなければなりません。また「働き方改革」が始まってから、企業にはさまざまな規定の導入や取り組みが求められてきました。たとえば、有給休暇の5日以上の義務化です。もしこの対応ができていなければ、罰則の対象になるだけではなく、従業員の不満から退職などにつながったり、負の連鎖にもつながります。

③コーディネート力

採用業務においては、採用ターゲットを設定して募集をしても、なかなか採用にまで至りません。

そこで、人材領域を得意とするブレーンを見つけて、課題や問題を見つけて解決につなげたり、研修においては、求める成果につなげられる専門性を持った講師を見つけて研修を行なうなど、課題解決のために、専門的スキルや能力を持った人や組織を見つけて関係性を構築し、目標達成につなげるコーディネート力が求められます。

① 人事について、担当者に仕事内容を取材してみよう

② 採用時の「応募者の見極め方」を考えてみよう

③ 自社の評価制度を見直そう

5▼採用の現場に立ち会う

社内講師として、採用の現場に立ち会い、「採用の流れ」を知り、面接を体感することで、今在籍している従業員がどのように採用されているか、人事はどのような情報で人を見極めているのかなどが理解でき、研修でのネタにも使える情報が得られるので、採用場面に同席してみましょう。

新卒採用の目的と狙い

採用には、学生を採用する新卒採用と社会人採用の中途採用とに分かれます。
なぜ、新卒の一括採用が日本では行なわれているのか。それは、

1、組織の人員構成の安定化（若手労働力の確保）
2、将来のリーダー人材の獲得
3、組織の持続的活性化

などが大きなポイントです。

新卒採用を行なうことから、組織の年齢構成におけるピラミッドが三角形になることで、組織の人員構成の安定化が図れます。また、新卒を採用する場合、中途採用者に比べて、「他社

の色に染まっていない」「社会経験がないので、素直に指示を聞く」ことから、その組織の経営理念や事業方針、現場の風土になじみやすく育てやすいことがあります。さらに、若手が入社することで、既存社員も「会社の先輩」としての視点で指導することになり、組織に必要な「活性化」が必然的に行なわれることも、大きなポイントです。

»» 採用の流れ

ここでは、採用全般の流れを押さえたうえで、実際に行なわれる面接について重きをおいて伝えていきます。

採用から入社までの流れは、

1、採用計画の立案
2、採用目標・ターゲットの明確化
3、採用手段・予算、スケジュールの決定
4、ＰＲ用情報（募集要項、自社の特色、仕事のやりがいなど）の準備
5、選考プログラム・スケジュールの決定
6、面接・筆記選考の実施
7、内定通知
8、入社

となっています。もちろん、この流れも企業によって違いはあります。

≫ 面接で押さえるポイント

新卒の採用面接では、必要な経験、スキルを見る中途採用とは違い、人物そのものを見なくてはなりません。まさに、人間力です。エントリーシートや履歴書に書かれている学生時代のさまざまな経験に基づく情報に対して質問することで、「それが本当であるかどうか」から見極めなくてはなりません。

≫ しぐさから人物評価する

面接は、その応募者の選考に大きく関わるプログラムです。ここでは、人を見る目をしっかりと発揮しなければなりません。そのためには、応募者の言葉だけでなく、一挙手一投足を合わせて見なければなりません。具体的には、応募者の入室から退出するまでの間の姿です。学生向け就活講座の本には、ノックの音・回数、そして座るまでだけでも数ページも割いて書かれているものも少なくないし、就活講座で何度も何度もロールプレイングを重ねている学生がいることを事前に理解しておきましょう。そこは、狸の化かし合いとも言われますが、しっかりと相手（応募者）を見極めることが必要です。このプログラムは、研修講師として受講者の状況・思いを見抜くために最適なものと言えるでしょう。

≫ 具体的なしぐさからその人を捉える

いくつかのしぐさで「印象よく見える点」と「印象悪く見える点」を列記しているので、参考にして下さい。

○手の動き――大きく動かす

印象よく見える…メリハリをきかせたコミュニケーションの取り方をする＝相手への気遣いが感じられる。

印象悪く見える…ゼスチャーが大きいと目障りだったり、気が散ると相手に印象づけてしまう。

○足を広げて座る

印象よく見える…リラックスしていると、足を広げて座るので、相手に対して警戒していないことを無意識にアピールしています。

印象悪く見える…体を大きく見せようという意識や、攻撃的な思いの表われです。

≫ 研修の現場で見られるしぐさ（面接番外編）

面接では見られないしぐさですが、研修の現場で見られるしぐさも参考にしてください。

○足を組む

印象悪く見える…相手を警戒している気持ちの表われであり、また、さまざまな場面で足を組んでいる人を見かけますが、足を組むとカラダが歪みます。ここは、自分のカラダをケアする意識が低い人と見えます。

○首を傾げる

印象悪く見える…自分の発言に自信がない、話の内容に満足していない。

○腕を組む

印象よく見える…熟考している、しようとしている表われです。

印象悪く見える…相手に対して警戒している場合や相手を疑っている場合に出る仕草で、相手から自分を「守りたい」といった心理からくると言われています。

○まばたきが多い

印象悪く見える…緊張している、恥ずかしいという印象を与えます。

○早口な人

印象よく見える…熱意があるとみられます。

印象悪く見える…自分のペースで話すと捉えられ、自己主張が強い人と見られます。

○ゆっくりと話す人

印象よく見える…ていねいで相手に自分の思いを伝えようと感じさせる。

印象悪く見える…あまりにも遅いと、頭の回転が遅い印象や、責任感がない、チャレンジ精神がないといった印象を与えることが多いと言われています。

いかがですか?

しぐさ一つで相手に与える印象は変わってきます。まずは、日々の行動から意識してみましょう。

① 採用場面で、実際の評価してみよう
② 周囲のメンバーのしぐさから気質を見抜こう
③ 自分のクセ・しぐさがどんなものがあるか、周囲に聞いてみよう

6 ▼ 社外講師からテクニックを学ぶ(1)
——コミュニケーション力編

コミュニケーションとは、「情報の発信者と受信者との間で行なわれるさまざまな情報（知覚・感情・思考）の伝達」です。そこには、さまざまな情報に人間の感情が重なってくるので、何が事実情報で何が感情情報か、受信者の受け取り方で違ってきます。また、バーバル（言語）とノンバーバル（非言語）が重なってくるうえ、いわゆる五感の聴覚（声のトーン）なども絡んできます。ここでは、そういった見極めのプロである講師がどのような言動をしているかみていきましょう。

>>> 受講者を名前で呼んでいるか

大人数ではなく、20名以下の研修であれば、一人ひとりの名前を正確にチェックしておきましょう。私は事前に名簿をいただいた場合、付箋を使って座席表と合わせて準備します。そして質問をするときは、「あなたはどう思われますか?」ではなく、「田中さんはどう思われますか?」と、名前で受講者に声がけをします。この名前を呼ぶだけでも、講師に対する印象が大きく違ってきます。

>>> 発表者に偏りがないか

受講者によって、発言するスピードはさまざまです。機転がきいて即答できる方や、じっくりと考えてから発言する方もいます。また、緊張する、できれば発言したくないという人も多くいます。そういった人には、やんわりと研修のあり方やどうして発言しなければならないか、などを伝えます。そうすることで、発表者に偏りがないように努めます。

これまでの研修を受けてきてどうですか?

同じ会社のメンバーでも、発言するスピードは人によって違います。たとえば、熟考する方が発言するまで待つことができれば、その場に温かいよい空気が生まれます。一方では緊張感も。そのためにも、発言者が偏らないように随時チェックすることが講師に求められます。

>>> 難解な言葉を使っていないか

コミュニケーションをテーマにした研修では、アサーション、コーチング、コンピテンシー、モチベーション、リテンション、アファメーション、エンゲージメントなど、カタカナがたくさん出てきます。もちろん、プログラム名にこれらの言葉が掲げられていれば、ある程度その言葉を理解した組織に対しての研修となっているのでしょうが、耳慣れないカタカナの専門用語を使われると、言葉の説明を受けたとしても、「その言葉がわからない」というストレスで、傾聴力や理解力が鈍ってしまいます。こういった、難しいカタカナをたくさん使うことで、デキる講師だと自負している方もいます。

講師は、「言葉の魔術師」だと思っています。だからこそ、いかに難しいことをわかりやすい言葉に変換して伝えることができるかが求められます。

>>> 笑いが取れているか

「講師が笑うこと」は、研修においては大切です。

笑いは、身体が活性化されて免疫力がアップし、免疫コントロールや自己治癒力の向上につながると言われています。さらに、幸福ホルモンは緊張感をほぐしてくれるそうです。

最近では、「笑いヨガ」も流行っています。笑うことが、個人個人にとってプラスになるだけでなく、人が集まった集合体である研修でも、この笑いで、よりオープンハートになってお互いをさらけ出せるなど、研修の相乗効果に役立っています。

>>> 受講者を惑わせる

ここは、私があえて行なっていることですが、受講者に難しい質問をすることで惑わせる場合があります。

たとえば、「今まで、1時間受講されてどんな感じですか?」と聞くと、当てられた受講者は「どんな感じって言われても」と、言葉に窮することがあります。「どんな感じ」――これは、個人の感性や価値観によってさまざまですから、答えは人によって異なります。研修において受講者は、受動的になったり、常に「正解」を答えようとします。そこで、いきなり感想を聞かれて汗をかいて困ったり、「そんなことを言われても」と言う受講者が何人もいます。

そこで私は、「職場で、価値観による感想を問われることはほとんどありませんよね。だから難しいんですよ。そして、難しければ難しいと素直に言ってください。ここは研修という場ですから、それが言える場です」と説明し、「私がどう感じましたか？　と聞いたら、即答をしてください。正解を答えるのではなく、どう感じたかが大切です。手をつねられて、1分後に痛いなんて言わないですよね。つねられたら即、痛っ！　って言いますよね。その感覚です」とお伝えします。

そこまで説明すると、ほっとされる方も増え、その後「どう感じましたか？」の質問に対する姿勢が変わり、空気がぐっとよくなることがあります。

① 研修講師のコミュニケーション力を受講者として見てみよう

② どんな雰囲気が、研修においていいのか考えてみよう

③ 自分が講師だった場合、どんな笑いがとれるかを考えてみよう

7 ▼ 社外講師からテクニックを学ぶ(2)
——テキスト編

研修におけるテキストは、講師自身の人間性が反映されます。弊社は、多くの講師とテキストをやり取りしていますが、講師によって、さまざまな傾向が見えてきます。

>>> 全体構成を考える

講師は研修テキストの作成においてテーマやねらい、対象者や時間が明確にされているので、テーマに沿って、任された時間内でいかに効果を上げるか、とポイントをいくつか絞って企画立案されます。たとえば「まずは、緊張を解きほぐすためにアイスブレイクをしてから……テーマを伝えて……前半は……中盤を……後半に……で仕上げる」といった具合です。

研修の構成については、作家が起承転結などの文章構成を考えることや、演出家がドラマや劇の流れを考えることとなんら違いはないというぐらい似ています。さらに研修の場合、私は「講師はしゃべるモデル」と思っているので、ステージの袖からどう出てきて、どう歩いて、視線はどこに向けて、どう受講者と関わって展開していくか、というモデル的観点に立った上で発言することが加わってきます。1日6時間も7時間もそのように考えて動くのです。順番通りにやればいい、という浅いテキストーさでは、とてもできません。瞬間瞬間を積み重ねてどう展開するか、にかかっています。そして、その展開を的確に反映するのがテキストです。

>>> 研修の狙いがはっきりと書いてあるか

研修の狙いは、プログラムで広報されているとしても、テキストに書かれているかどうかが肝心です。表紙を開けるといきなり、「今日のプログラム」が列記されているものが見受けられますが、今日のこの研修で「何を学ぶのか」、「成果として何が求められているのか」などの狙いが可視化されていなければ、受講者には刷り込まれません。もちろん、研修の途中で「今日のテーマは何だったたですかね」と確認することも大切ですが、最初が肝心です。

>>> 見やすくなっているか

テキストで最低限押さえておかなくてはならないことが、「誤字脱字ゼロ」です。弊社も、日々多くのテキストを作って、研修後の振り返りシート（アンケートのようなもの）をまとめて担当者にお渡ししていますが、ここに関しては常に意識を高めて、1文字でも誤字がないように努めています。誤字脱字があるだけで、「すみません、赤を青に修正してください」と、研修の現場で受講者に言う恥ずかしさは、そこにいる当人にしかわかりません。

また、1冊のテキスト内でフォントが明朝だったりゴシックだったりバラバラな状態のものがあったり、引用データや画像がコピペされたものでガビガビのものがあったりします。文字のバランスが悪かったり、切れていたり、醜いものは字や画像がつぶれて見えなくなっていたりしているものがあると、講師と確認を取りながら、時にはあらためて再作成し「スッキリ見やすく」することを心がけています。

このようにテキストから、講師や研修会社の姿勢が受講者に伝わります。ですから、テキストはていねいにきっちりしっかりと作っておく必要があります。

≫ テーマに沿って旬情報や事例を盛り込んでいるか

テーマに沿って、旬な情報が盛り込まれているか、も大切です。テーマに対して、古い情報をそのまま使っているだけで、今それがどう活用されているのかなどがないため、「何となく昔のことを言われても……」と、受講者が感じることがあります。

たとえば、先にも紹介しましたが、コミュニケーション研修でよく使われるメラビアンの法則。人の行動が、他人にどのように影響を及ぼすかどうかについて、言語情報が7%、聴覚情報が38%、視覚情報が55%の割合であったことから、「7－38－55のルール」と言われるものですが、これを研修の場で引用したとき、「今から半世紀も前の調査って、どうなんだろう」と受講者が疑問に思うこともあるでしょう。そこで、「今の時代だったらどうでしょうか」とか「あなたはどう思いますか」などと声かけをすることでギャップを埋めたり、現代との比較をワンポイント入れたりすることで受講者の理解も深まります。

≫ 時間内に適したボリュームであるか

研修講師とやりとりをしてテキストの確認をする時に気になるのが、そのボリュームです。テーマに沿って作成しているのはわかるのですが、たとえば、これは本当に予定時間に終わるもの？　と思うぐらいのボリュームがあるテキストに出会うことがあります。ここで、講師にヒアリングしてイメージを合わせたり、ちょっとボリュームオーバーかな、とやり取りすることで、より精度の高い研修につなげることができます。

私自身の経験と講師とのやり取りを振り返ると、どちらかというと、ボリュームが多いテキストが多いようです。ときに、「すみません、今日は時間がないので、2ページ飛ばして……」と言う講師がいます。研修の中で、さまざまな要因で予定より時間がかかることはあるでしょうが「時間通りに終わらないことはアウト」と同時に、「時間管理も講師の仕事」とすると、テキストが最後まで終わらなかった、ということにならないようにすることも大切です。

①これまで受けた研修テキストを、この視点で見直してみよう

②どんなテキストが見やすいかを考えてみよう

③テキストのボリュームと時間のバランスを考えてみよう

8 ▾ 社外講師からテクニックを学ぶ(3)
——場づくり編

研修は〝生もの〟です。どれだけ事前準備をして当日バッチリと思っていても、その場がイメージと違っていたり、想定外のことが起きてイレギュラー対応が必要となることもあります。そのため、段取りをしっかりした上で、的確な対応ができるようにしておきましょう。ここでは、講師の立ち居振る舞いに合わせて、研修を実施する環境＝場づくりについて学んでいただきます。

≫ 事前準備はできていますか

準備は、その場でやっても間に合いません。事前にどれだけ準備しているか、で研修は決まります。

弊社では、「講師のためのチェックシート」とは別に、「研修運営チェックシート」を作成して研修運営の「ＢＥＦＯＲＥ、ＯＮ、ＡＦＴＥＲ」について、事前に準備するものからアフターフォローまでをチェックしていますが、やはり「段取り八分」と言われるくらい、段取りが、研修全般の成果に大きく関わってきます。

たとえば、企業内研修であれば、研修を行なうにあたり、テーマや受講生の人数・属性や時間など、最低限押さえておかなくてはならない情報がありますが、さらに、その会社のホームページを見て、会社概要はもちろん、どんな社風なのかや、業界について把握しておくことが必要です。研修時に同業他社のことを伝えられたりすると、受講者は「おっ、この講師は、ウチの業界のことをよく知っているね」、「しっかり事前に調べているんだ」と思わせることで、受講者の緊張感や真剣度を高めることにもつながります。

>>> 当日は五感を研ぎ澄ます

研修会場は、会社の研修会場やセミナールームなどさまざまですが、どういった会場でも、開始前は緊張感漂う空気があるものです。

そこで、受講者にリラックスして参加してもらうために、音楽を流すことをよくしています。会場には、受講者が一人また一人と入ってきますが、その受講者たちは、いつも会社で顔を合わせているメンバーもいれば、多拠点から集められて参加するメンバーもいます。そんな会場では、挨拶は交わされるものの、緊張感は高いものです。そこで、ゆったりした音楽を流すと、人間が本来持っている五感の「聴覚」がほどよく刺激され、研修に向かう緊張感をほぐしてくれます。

≫ 開催前の声かけ

受講者が開催時間に合わせてパラパラと集まってきた時点で、講師は登壇のための準備を終えて、受講者の状況を見て、タイミングが合えば、ちょっと挨拶をして声かけすることも大切です。講師によっては、開催前には受講者と接しない（声がけ、挨拶などを控える）という人もいますが、声かけをすることで緊張感を和らげたり、ここで受講者個人のプロフィールや会社の現状など聞くことでアイスブレイクが短くできたりします。

≫ レイアウト

最近の研修の場合、グループワークやグループディスカッションを織り交ぜたものが多いので、部屋のレイアウトは、いわゆる島形式が多くなっています。受講生が向き合っていると、スクール形式と違い、お互いの表情をチラチラ見たりして和む空気感が生まれます。そうすると、グループワークやグループディスカッションの時にはオープンハートになっているので、コミュニケーションがとりやすくなります。

また、部屋全体の大きさや形からバランスよく机、椅子をレイアウトすることも大切です。研修会場には、講師が使う机、椅子、登壇台、プロジェクター、PC、ホワイトボードなど、いろいろなものがあります。プロジェクターから映し出される映像が全員に見やすいか、同じくホワイトボードは見やすいか、角度のある椅子の位置などには実際に座ってみて見やすさをチェックするなど、受講者目線での配慮が研修内容同様大切です。こういった配慮に欠けると、受講者にとってはストレスとなり、アンケートにも減点のコメントをもらってしまうことになります。

他にも、プロジェクターの映像でよくあるのが、文字の大きさ。カッコよく見せようとして、逆に見えにくく、図やグラフのコメントなど、とても見えないという大きさで見せている場合があります。これも、見えないというストレスを増加させるだけです。せめて、コメントだけでも抜き出したり、口頭であらためて伝えることが必要です。

≫ 立ち居振舞い

講師の見た目として、姿勢や身だしなみと合わせて、立ち居振舞いも大事です。

私が登壇しはじめの頃、講師の先輩にオブザーバーとしてチェックしてもらった時のことは、今でも忘れません。まだ講師歴が浅く、緊張しながら講義をしていたのですが、講義終了後、その先輩から、「あなたの足音がすごく気になったよ」とお叱りを受けました。私は、講義そのものを含めて全体がまだ見えない状態でしたが、まさか足音までチェックされるとは思いませんでした。その研修場所は、大学の教室で、固いコンクリートでできた壇上だったので、指摘された通り、私が動くたびに足音が響いたとは思いましたが、当時の私は、まだそこまで気が回りませんでした。今は音が出にくく、かつ1日7時間も8時間も履いていても疲れないビジネス用のウォーキングシューズを履いて、無駄な音は出さないように心がけています。

① 研修の事前準備で、大切なことは何かを考えてみよう
② 研修開始前の気分を思い出してみよう
③ いかに、研修をスムーズに進めるかという視点で研修を受けてみよう

9▼社内課題100本ノック

ここでは、実際に社内の課題としてどんなことがあるのかを、100本ノックと称して、項目を分けて計100課題を列記しました。これらの課題は、私が研修を行なっている中で実際に出た内容ばかりです。この課題に対していくつかの項目に分けられれば、講師としての企画力が発揮できると言えます。

≫マネジメント編（32）

（組織）22

経営理念など会社の考え方が浸透していない、経営計画書を社員が読まない
行動指針（規範）がない、上司と部下の関係性が悪い
ホウレンソウ（報告・連絡・相談）が的確にされていない
チームで稼働する意味がわかっていない、業績貢献の意味が示されていない
部下がリーダーにお任せでフォロワーシップがなされていない、部門間の連携が悪い
帰属意識が低い、協調性がない、決定事項が徹底されていない、時間管理が甘い
職級ごとの役割がはっきりしていない、業務マニュアルが整備されていない

クレームに対する体制がしっかりとできていない、ＰＤＣＡを回す仕組みがない
コンプライアンスに対する意識が薄い、業務が計画的に行なわれないことが多い
専門職のスキルが上がっていない、自社商品の強みと弱みが把握されていない
提携先との関係が悪い

（リーダー）10

リーダーがビジョンを語れない、部下に対する関わり方がわかっていない
リーダーの課題解決力が弱い、リーダーのスキルが磨かれていない
組織に対するリーダーの影響力がない、上司のリーダーシップが発揮されていない
リーダーが部下育成について理解していない、理想となるリーダーがいない
リーダーに指揮力がない、リーダーが他部署との折衝をしてくれない

≫ 会議編（14）

参加者が時間通りに集まらない、事前に会議資料が配布されていない
会議資料を読んでいない参加者がいて困る、偏った人の発言が長くて困る
結論が出ないまま時間が過ぎて困る、時間通りに終わったことがない
役割が決まっていなくて無駄な時間が過ぎる、会議の参加者が多過ぎる
議題があいまいなまま意見を求められる、上司が長く発言し脱線する

議事録が回ってこない、決めたことがなされていない

会議の役割があいまい、会議のタイムマネジメントができていない

››› コミュニケーション編（10）

コミュニケーションの取り方がわからない、上司と部下のコミュニケーションがよくない

部署間のやり取りがない、若手スタッフのビジネスマナーがなっていない

全社的に挨拶や礼節ができていない、傾聴力があまりない

営業スタッフの対人折衝力が弱い、メールのやりとりがうまくいかない

社外と社内で対応が違う人が多い、感情のコントロールができないメンバーが多い

››› モチベーション編（10）

モチベーションとは何か、新しい仕事に対して前向きにさせる方法がわからない

メンバーのモチベーションが低い、やる気をどう高めればいいかわからない

モチベーションはなぜアップダウンするのか、モチベーションは他者により影響を受けるのか、モチベーションリソースがわかってない、モチベーションリソースを共有できない

仕事に対するやる気度合いをはかりたい、今の若手にやりがいは求められないのか

>>> 教育編（10）

全社的に教育に対する意識が低い、教育体制が仕組み化されていない

指導マニュアルがない、無駄な研修を受けさせられる

社外研修後の報告がないので困る、階層別研修が形骸化している

教育担当がきちんと業務をしていない、人材育成に対する会社の姿勢が見えない

新入社員の研修がほとんどＯＪＴのため会社の理解不足が感じられる

場当たり的にセミナー参加させられて困る

>>> 人事労務編（10）

どんな人材が求められているのかわからない、行動指針が周知されていない

人事評価があいまいである、人事面談が行なわれていない

人事評価と報酬の連動性があいまい、自分のキャリアプランが描けない

会社にどんな制度があるのか知らされていない

働き方改革に対して会社がどう考えているのかわからない

残業についてのルールが設定されていない、評価者が評価するスキルがない

≫ 職場環境編（8）

会社の備品が整理整頓されていない、課題が放置されて改善がなされない

テレワークへの取り組みがない、職場環境の改善に上司が努めていない

環境をよくしようという意見が出ない、職場風土が職場環境にどう影響を受けるか意識されていない

環境に対する意見を聞いてくれない、5Sに対する意識が低い

≫ 情報共有編（6）

社内ネットワークが活用されていない、朝礼や週の会議が行なわれていない

報告が共有されず誰が何をやっているかがわからない、個人情報の理解がされていない

電話応対した人の対応があいまい、情報ツールを使いこなせていない

① 自分が取り組みやすい項目を考えてみよう

② 自分が取り組みにくい項目と取り組みやすい項目にわけてみよう

③ 自分が取り組みにくい項目について、なぜ取り組みにくいかを考えてみよう

10 ▶ 研修プログラム25本ノック

　ここでは、「社内課題100本ノック」で掲げた課題の中でどのように落とし込んでいけばよいかさらに細分化しました。この各項目に対して、解決策を導き出せれば、講師としての企画力に加えて構成力・課題解決力が発揮できると言えます。

≫ マネジメント編

（組織）

- **経営理念など、会社の考え方が浸透していない**

↓①なぜ浸透していないのか　②浸透させるためにどんなことを行なっているか　③浸透させるための方法がうまくいっていないのではないか

- **上司と部下の関係性が悪い**

↓①上司と部下の好ましい関係性とはどういったものか　②好ましい関係性ができていないのはなぜか　③どうしたら好ましい関係性がつくれるのか

- **ホウレンソウ（報告・連絡・相談）が的確になされていない**

↓①的確なホウレンソウとはどういったものか　②ホウレンソウとはコミュニケーション、

ではコミュニケーションはうまくいっているか　③ホウレンソウで求められることは何か

●チームで稼働する意味がわかっていない

→①会社におけるチームとはどんな組織か　②チームで稼働するために必要なことは何か

●コンプライアンスに対する意識が薄い

→①コンプライアンスについて理解されているか　②コンプライアンスについて、世間ではどのように取り組まれているか　③コンプライアンス違反をすると、どんなリスクが起こるのか

（リーダー）

●リーダーがビジョンを語れない

→①ビジョンとはどんなものか　②ビジョンを持つことで、どんな効果が得られるか　③リーダーがビジョンを語ることは組織にどんな影響を与えるのか

●リーダーの課題解決力が弱い

→①リーダーは現状ある多くの課題をどのように捉えているか　②リーダーは課題解決スキルをどのように育んでいるか　③課題を解決するための糸口の見つけ方について

●リーダーが部下育成について理解していない

→①リーダーは部下に関心を持っているか　②部下育成の仕組みはあるか　③組織は部下育成をリーダー一人に任せていないか

●理想となるリーダーがいない

↓①そもそも、理想のリーダーとはどんな人か、タイプか　②理想のリーダーは多様化していることを共有しているか　③リーダーについて理想と現実のギャップをどう捉えているか

>>> 会議編

●結論が出ないまま時間が過ぎて困る

↓①会議の目的が明確になっているか　②会議の役割が明確になっているか　③参加者は何のために会議に出席しているか、意識して行動しているか

●会議資料を読んでいない参加者がいて困る

↓①資料の事前配布がなされているか　②何のために資料作成されているか、重要性を共有しているか　③会議に参加する主旨が徹底されているか

●決定事項がなされていない

↓①決定事項の重要性を、会議で確認しているか　②決定事項を周知徹底する仕組みはあるか　③決定事項の期限が明確になっているか

》コミュニケーション編

●部署間のやり取りがない

↓①コミュニケーションをよくする会社全体の仕組みや関係づくりが理解されているか　②組織ごとの役割が理解されているか　③実際に、どのように部署間のやり取りが起こっているか見直す

●全社的に挨拶や礼節ができていない

↓①組織人である前に、一人の人間としてどうあるべきかを考える　②挨拶の意義と必要性を理解する　③挨拶をより促進するためにどんなことができるか

●感情のコントロールができないメンバーが多い

↓①感情の起こり方を理解しているか　②感情をコントロールできている人とできていない人は何が違うか　③感情だけで動く組織はどのように変化するか

》モチベーション編

●やる気を、どう高めればいいかがわからない

↓①モチベーションとは何か　②各個人のモチベーションリソースの見分け方　③モチベーションを上げるにはどうすべきか

●今の若手にやりがいは求められないのか

→①今の若者気質を理解する　②今の若者が、働くことにどんな意義を持っているか　③今の若者とベテランは何が違うのか

≫ 教育編

●無駄な研修を受けさせられる

→①研修体系が確立されているか　②研修ごとの意義目的から得られる効果を周知しているか　③研修後のアフターフォローは行なわれているか

●人材育成に対する会社の姿勢が見えない

→①教育に対する考えが、トップから伝えられているか　②教育に対する理念、指針が広報されているか　③ことあるごとに理念の共有がなされているか

≫ 人事労務編

●個々人のキャリアプランが描けない

→①キャリアとは何かを理解しているか　②キャリアプランの立案をどう捉えているか　③キャリアアップについて、会社はどんな期待や要望があるか

● **働き方改革に対して、会社がどう考えているのかがわからない**

→①働き方改革は理解されているか　②多様化する働き方の現状について認識が共有されているか　③個人のキャリアと会社の期待要望にギャップはないか

職場環境編

● **会社の備品が整理整頓されていない**

→①5Sについてどのように取り組んでいるか　②職場環境をより印象よくするための動きはあるか　②職場環境と業績の関係性を理解する

● **職場風土が職場環境にどう影響を受けるか**

→①職場風土はどのようにして作られるか　②職場風土をよくするために、どんなことが必要か　③職場風土と業績との関係性

①項目（テーマ）を深掘りするためのポイントを三つあげてみよう

②自社で、とくに課題と思われる項目をあげてみよう

③これまでの項目以外に三つ項目をあげて深掘りしてみよう

社内研修講師養成プロジェクト ステップ2

基礎編

CHAPTER 04

ここからは各項目（テーマ）において、私が研修時に進めているプログラム内容の一部を述べています。もちろん私の経験を語っている部分そのものは当てはまりませんが、小項目にあわせ流れを構成すれば、「研修プログラム」として成り立つものになっています。この章は「基礎編」として、テーマの対象者を新人から若年層向けとして設定しています。
講師候補者が3章まで学び、実践につなげるスキルを発揮できたとして、実際に講義を行なうイメージができているか、講師候補者と一緒にチェックして作り上げてください。

1 ▼ なぜ働くのか

みなさんは小さい頃、「〇〇になりたい」と、いろいろな夢を持っていたと思いますが、それは何でしょうか？　今、その夢はどうなっているのでしょうか？　夢……今も変わらない人、変わった人、わからない人、忘れた人、なかった人。

「夢がなくて悪いんですよね」

よく、大学の就職アドバイザーのキャリアコンサルティングルームで、相談に来た学生から言われていた言葉のひとつです。夢がないと就職できない、生きていけない、このままどうすればいいかわからないという、さまよえる学生たちが結構いました。

>>> 夢は変わる

私は、小学校時代からスポーツに関わりながら、節目節目で「夢」は変わっていきました。小学校の頃は、ソフトボールをやっていたので野球選手、中学校では、「金八先生」や「熱中時代」にはまり、学校の先生になりたいと思い、高校ではプロ野球を見て、やる側でなく報道という仕事が面白そうで、マスコミに入りたいと思っていました。

ただ大学に入り、なんとなく夢というか、自分の道や希望と言えるものがなくなりました。当時は、大学の授業もほどほどに、NHKのアルバイトや野球のサークル活動が楽しく、一人暮らしだったせいもあり、先輩や同期後輩など、多くの人たちと日々楽しむことに明け暮れていましたが、まさに当時大学は、「遊びのレジャーランド」と言われ、「大学は遊ぶところ」といった感じは否めませんでした。

>>> 就活と夢

夢が何かを考える暇もないくらいだったし、バブルの最盛期だったため、なんとなく大手企業に就職するものだという空気感があり、みんな同じように会社説明会に行く、という就活のスタートでした。

就職活動では、リクルートから内定をもらいましたが、その頃も、夢はまったくと言っていいほどなくなっていました。ただ、夢がなければ働けないかというものではなく、目の前のことに集中することが大事だとなんとなく思い、日々歯を食いしばって仕事していた、そんな日々が社会人の新人時代でした。

前述のように、就活で悩む学生から、「夢」について相談されるときがあります。

就活と夢はリンクしますが、「今何をすべきか」を明確にすれば、必ず何かが見えてきます。学生によってもちろん悩みや課題は違いますが、総じて思いを「整理」して「優先順位」をつけていれば、まずはその場はＯＫです。あとは、本人がどう動くかにかかっています。後述しますが、キャリアの3原則（ワークシート）などにチャレンジすると、より具体的に考えられます。

夢は与えられるものではなく湧いてくるもので、自分の中にしかありません。一所懸命考えていたら明日、夢が湧いてくるかもしれないし、何年もかかかって湧いてくるかもしれません。あるいは、一生湧いてこないかもしれません。

それは、あなたにしかわからないことです。

>>> 働く意味、生きる意味

「何になりたいのかわからない」
「そもそも、働く意味がわからない」
「働くって、お金のためですよね」

働き方改革が叫ばれ、新型コロナウイルスの感染拡大によって働くかたちも一変し、組織で働くことの意義や個人のキャリアを「自分自身で考えること」が一段と求められています。会社だけでなく、働く側も主体性を持つこと（キャリアオーナーシップ）が求められ、見方によっては生きにくい時代と言えます。だからこそ、夢があれば、目標があれば、と思いがちです。

>>> あなたはどんな働き方をしたいと考えますか？

どのような生き方・働き方が「正しい」、「間違い」ということはありません。ここで言えることは、人それぞれの考え方の根本には、それぞれの人生観・価値観があり、それに基づいてこれまで生きてきてこれからも生きていく、ということです。したがって、自分の人生観・価値観をある程度自覚し、明確にしていなければ、将来どんな仕事をしていきたいか、いかに生きていくか、などについて具体的に決めることができない、ということです。

旅行などによくたとえられますが、「どこに行くか」、「誰と行くか」、「いつ行くか」がわ

価値観チェックシート

1、大事にしている言葉（＝価値観）を三つ選んで、下の①②③に記入してください。
2、1で選んだ言葉の理由をそれぞれ記入してください。

創造性	協調性	支援	プロフェッショナル	評価
好奇心旺盛新しいことにこだわる	チームワークが大切、仲間と成し遂げる	人を手助けすることが好き、人を元気づける	プロとしてプライドがある結果が大切	名誉・名声を得たい、認められたい
秩序	**計画性**	**探求心**	**ゆとり**	**安定性**
規則を大切にする、礼節を重んじる	時間にこだわる、段取りが大切	知識を求める、学ぶことが好き	やすらぎを求める、時間を大切にする	一定の収入を得たい、変わらない日常が大切
チャレンジ	**達成**	**リーダーシップ**	**主体性**	**楽しさ**
挑戦することが好き、変化を好む	目標設定は大切、努力が好き	トップに立ちたい、皆の中心になる	積極性が大切、自ら判断する	楽しく暮らしたい、朗らかでありたい

• キーワード①（　　　　　　　　　　）
選んだ理由

• キーワード②（　　　　　　　　　　）
選んだ理由

• キーワード③（　　　　　　　　　　）
選んだ理由

かっていなければ、最初の一歩も踏み出せないでしょう。

≫ 価値観を知る

価値観とは、一言で言えば「ものの考え方」です。「価値観が合う、合わない」と、よく耳にしますが、価値観が完全に合致する人などいません。学校では、ひとつの解が正解として求められるため、考え方なども一致できるはずだ、と勘違いして社会に出る学生が今でも多く見られます。平成バブルがはじけて、大手企業や金融機関が倒産するような事件が増え、さらに令和になると「多様性」が叫ばれ、「失われた30年」という言葉も風化し、コロナ禍の中、大人が「どうすればいいかわからない」状態になっています。

今は、ＶＵＣＡの時代とも言われています。「ＶＵＣＡ」とは、Volatility（変動）、Uncertainty（不確実）、Complexity（複雑）、Ambiguity（曖昧）の頭文字をつなぎ合わせた造語で、複雑化・多様化した現代社会においては、自分自身の考え方をしっかり持っていなくては、何か答えを出したり、選択しなければならなくなったときの「より所」としての価値観が必要となります。

① 夢を語れますか

② 今までで、一番印象に残った仕事はどんなことですか

③ あなたの価値観を語れますか

2 ▼ 企業理念とは何か

企業理念とは何？

会社組織の多くは、理念を掲げています。それは、経営理念、社是、社訓、ビジョンなどで表現されています。理念とは、ある物事についての、こうあるべきだという根本の考え方で、哲学においては、純粋に理性によって立てられる、超経験的な最高の理想的概念とされています。固くなりますが、講師として大切なことのひとつは、言葉を深く知り、受講者にわかりやすく伝えることです。そのためには、言葉一つひとつをしっかりと理解して、多くの質問に答えられることが求められます。

一方で、企業の経営理念を見てみると、短めの言葉で言い切っているものが多く、関係者に経営理念を印象づける反面、抽象的で、本来の意図するところが伝わらないという欠点も含んでいます。経営理念の真意に対する理解不足は、当事者である社員も例外ではありません。

経営理念の事例

- 株式会社リクルート

私たちは、新しい価値の創造を通じ、社会からの期待に応え、一人ひとりが輝く豊かな世界の実現を目指す

- アマゾンジャパン合同会社

地球上でもっともお客様を大切にする企業であること

- キヤノン株式会社

共生

- 株式会社ニトリ

住まいの豊かさを世界の人々に提供する

》》組織の一体化

企業の事業活動の根本的な考え方として、「経営理念」は位置づけることができます。私が所属する中小企業家同友会でも、「経営理念」は経営者が自社のあるべき姿（理念）を確立し、成文化して社内外に示し、社員と共有して、実践していくものと定義しています。顧客、社員、社会を重視した企業として、自社のあるべき姿、使命、存在価値、価値観を明確にすることが、自社の発展につながります。企業の羅針盤ともいえる「経営理念」により、企業の目的がはっきりし、自社がどこに向かうのかが見えてくることで、そこで働く社員は一体感を持って日々の業務に臨むことができます。

>>> 企業風土の醸成

企業風土をよりよくすること、これは企業内研修を行なっているものとしてはよく耳にし、研修テーマとしてよくご要望いただくものです。風土は、その土地の地形や地質、気候や景観といった周辺環境の総称であり、そこで生活する住民や文化形成に大きな影響を与える重要な要素です。組織風土も同様に、組織のあり方（ハード面の職場環境、レイアウトから、ソフト面の人間関係、雰囲気など）が、従業員の感情や言動に大きな影響を及ぼす要素となっています。

>>> 行動指針につなげる

行動指針とは、経営理念に基づいて「具体的にどう行動するべきか」を明確にしたものと言われますが、明確な定義はありません。弊社も、設立時から「10の行動指針」を掲げていますが、経営理念に基づいてどのように行動することが、弊社の社員としてあるべき姿なのかを明確化しています。これは何かうまくいかなかったときや迷ったときに行動の「より所」になるものであり、この実践可能な行動指針を明確にすることで、経営理念に対してどれだけ実現しているかを評価することにつなげることが可能となり、「評価基準」としての役割まで担っています。

>>> ステークホルダーへの認知

ステークホルダーとは、企業の利害関係者という意味で、株主、従業員、顧客、取引先はもちろん、金融機関や地域社会や行政機関等も含まれますが、このステークホルダーへの企業自体の認知度を上げるためには、「経営理念」を掲げておかなくてはなりません。そうすることで、自社の考え方が社内外に認識されれば、社員も誇りを持ち、仕事に対するやりがいを持つこともでき、モチベーションが向上します。

>>> ブランド力の向上

ブランドとは、企業そのものの名前や商品の名前を意味しますが、さらに商品の特徴から商品価値、ひいては他者との競争優位性にまでつながるイメージが広がるものです。だからこそ、企業として掲げた「経営理念」に基づいた活動により、すべてのステークホルダーの信頼性が増せば、ブランド力もさらに向上します。そのブランド力が向上すると、信頼性が高まり顧客や市場へのアプローチがやりやすくなり、事業のさらなる発展につながります。

>>> 採用力と定着率の向上

人材の採用と定着においても、経営理念は重要になってきています。求職者は、「待遇」や「福利厚生」面だけではなく、「自分に合う企業かどうか」を見極めています。採用場面では、採用側（企業）が強い立場をとっていた時代もありますが、今はフラットで、ある種対等な関係となっています。その時に、ターゲットとなる応募者が、入りたいと思える「経営理念」を示しているか、が重要になってきます。

① 企業理念の意味を理解する
② 企業理念が、具体的に企業にどのような影響を及ぼしているかを理解する
③ 企業理念と行動指針の関係性を理解する

3▶キャリアの3原則「WILL・CAN・MUST」

キャリアとは、ラテン語で「轍（わだち）」（馬車が通り過ぎた後に残る車輪の跡）という意味があり、昔はシンプルに、「経験」という意味だったと思いますが、厚生労働省職業能力開発局「キャリア形成を支援する労働市場政策研究会」報告書」によると、「『キャリア』とは、一般に「経歴」、「経験」、「発展」、さらには「関連した職務の連鎖」等と表現され、時間的持続性、ないし継続性を持った概念として捉えられる。「職業能力」との関連で考えると、「職業能力」は「キャリア」を積んだ結果として蓄積されたものであるのに対して、「キャリア」は職業経験を通して、「職業能力」を蓄積していく過程の概念であるとも言える」と定義されています。

少し固くて難しい表現ですが、「キャリア支援」「キャリアプラン」「キャリア形成」など、「キャリア」にまつわる言葉が、現在では数多くあります。私が、キャリアコンサルタント（カウンセラー）の資格を取得した頃から、「キャリアとは何だ」ということを、よく耳に目にしてきました。

その流れで、「キャリアの3原則」って知っていますか？ ネットで「WILL・CAN・MUST」と検索するとけっこう出てきますが、それを「キャリアの3原則／WILL・CAN・MUST」として、就活生の講座や、社会人向けの研修で活用しています。

》WILLは「やりたいこと」

これは希望・願望を表わす言葉ですが、就職転職などの相談の場面で、「これからどうしたいか」、「どんな人生を送りたいのか」、「どんな人になりたいのか」と聞いても相談者は、なかなか答えられません。だから、ここ（相談室）に来ているのに、とムッとされる方もいます。研修でも、答えられない人が多いですね。希望・願望は夢といったキーワードにつながりますが、夢となると多くの人が「ありません」と答えます。「こうなりたい＝夢、願望」がなければ仕方がありません。目の前のことに集中することです、となります。そうすると、話が進んでいきます。

》CANは「できること」

これは、能力や可能性を表わす言葉ですが、これについては少し出てきますね。「自分は何ができるか」「どんなスキルを持っているか」などを自問する場合、スキルはキーワードを提示されれば出てきますが、急に何ができるかと言われても、という感じになります。単に資格がある、などではなく、これまでの人生で何かあるはず。これも見つけきれない、出せない人も多くいます。

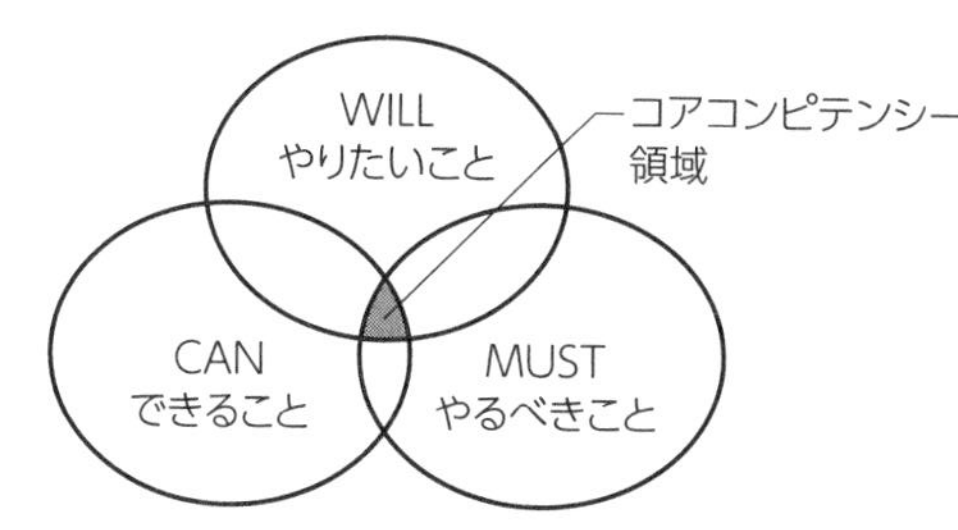

>>> MUSTは「求められること」

　これは、社会人研修ではたくさん出てきます。ＭＵＳＴは、義務を表わす言葉ですが、ＷＩＬＬ、ＣＡＮに関してはなかなか出てきません。このＭＵＳＴは義務感だけではなく、期待されている点も出てくることがあります。社会人研修で、このワークシートを記入してもらうとき、ＭＵＳＴは一番下なのに、ここから書き始める人が3分の1ぐらいはいます。「期待されていること」や「求められること」より「やらなければならないこと」、として顕在化されます。

>>> 三つの円が重なる部分＝コア

　この三つの円が重なっているところが、「やりたいこと」であり、「できること」であり、「求められること」である領域＝コアコンピテンシー領域と言えます。概念的ですが、たとえば、ある仕事で自分自身が携わりたいと思った案件であり、過去の経験からうまくいくと思えて任され期待された案件であれば、達成の可能性が高いことになり、その仕事に向かうモチベーションは高

「WILL」「CAN」「MUST」チェックシート

①それぞれについて“人生”“仕事”に分けてお書き下さい。

WILL やりたいこと	人生	
	仕事	
CAN できること	人生	
	仕事	
MUST 求められること	人生	
	仕事	

②上記の内容を元にあなたの目標についてお書き下さい。

目標	人生	
	仕事	

まっていく、という好循環作用が生まれます。これが、個人の高い成果はもとより組織の業績貢献にまでつながります。

>>> コア部分を膨らませるためには

「ＷＩＬＬ・ＣＡＮ・ＭＵＳＴ」のそれぞれの円を大きくしていけば、自ずとコア部分は膨らみます。では、それぞれの円を大きくするにはどうするべきでしょうか。「やりたいことを増やす（ＷＩＬＬ）」「経験を積み重ね、よりスキルを発揮し、できることを増やす（ＣＡＮ）」「会社からの要望や、期待を増やす（ＭＵＳＴ）」ことです。

いかがですか？

また、三つとも大きいほうがいいというものでもなく、それぞれ大きさや重なり方も違ってくるでしょうし、大きさは「変化する」ものです。見直すたびに「変化していい」と思って、ワークシートにチャンレジしてみてください。

① キャリアの意味を理解する
② キャリアの３原則のワークシートにチャンレジしましょう
③ ＷＩＬＬを一番に掲げましょう

4 ▼ 自分の資質、特性を知ろう

自分の資質、特質性を知ることは、自己理解を深めることにつながります。自分を知ることは、研修の場面では自己理解を深めるとして、最初に掲げることが多いテーマです。

まずは、自分自身を理解してからでないと、他者理解ができなかったり、自分の特性やスキルがわからなければ、組織貢献するためにどう動けばいいかわからなかったりします。そのために、自己理解を深めることが大切なのです。

ここで、客観的に資質をはじめ、能力や適性まで幅広く測るものが適性検査です。

>>> 資質を知る一つの方法「適性検査」

適性検査とは、採用の場面で多く使われており、「採用する上で応募者の適性を見るテスト」です。一般的には、その人の資質、性格、興味関心や社会性なども見る検査と、国語、数学、英語といった、学力（能力）を数値化して相対化することで比較検討する検査があります。面接による、面接官の主観的評価と適性検査の客観的評価を併せて選考判断をするパターンが定例です。適性検査は数十分で回答して判定できますが、参考データとして見るうえで、「たかが数十分、されど数十分」と捉えていただければいいでしょう。

>>>「適性検査」の種類

「適性検査」というと、新卒学生の採用選考時に使用されることが多くなっていますが、弊社では、研修前に現有社員向けの適性検査を行ない、一人ひとりの適性度合いを測って、研修ではもちろん評価や人事考課にまで活用いただいています。中小企業の場合、適性検査を使っての採用をされていない会社も多く、適性検査が現有社員対象にできることだけで驚かれることもあり、最近は増加傾向にあります。ここではＳＰＩとＣＵＢＩＣという適性検査とその中身を見てみましょう。

私が、新卒で入社したのがリクルートだったので、新卒採用の適性検査としては定番のＳＰＩを使っていましたし、企業への営業もＳＰＩでした。あらためて調べてみると、適性検査はさまざまな企業・組織が開発しており、古くは50年以上の実績を持つ「内田クレペリン」や同様に40年以上の実績を持つ「ＳＰＩ」から、最近ではＡＩを駆使した「ＧＲＯＷ３６０活用」など数十種類あります。これまでは、会社説明会や面接選考会場で実施するマークシートや紙ベースの形態が多かったのですが、最近はＷｅｂ併用というより、Ｗｅｂのみという形が増えてきています。

>>> ＳＰＩについて

ＳＰＩとは、Synthetic Personality Inventory の略称で、就職、転職における採用選考テストのひとつとして用いられる日本初の総合適性検査です。企業の入社試験において利用される検査のひとつで、リクルート（現リクルートキャリア）がSPIの前身となるリクルートテストを1963年に開発。その後、1974年にSPIとして開発し提供したのをはじめ、2002年にSPI2、2013年にSPI3と改訂を重ねてきています。

内容としては、採用対象別（大卒、高卒、中途）に、性格検査と基礎能力検査に分けられ、応募者の仕事に対する適性や職務遂行能力、自己の興味関心を見極める分析がされ、学生だけでなく、社会人採用の面接場面など、幅広く活用されています。2019年実績で利用社数13600社、受検者数は204万人（リクルート調べ）に上っています。書店に行くと、1番多いのがこのSPI対策本で、大学側も、SPIに関しては対策講座など多数開催しており、新卒採用の定番となっています。

>>> CUBICについて

CUBICは、130問程度の設問で「性格・個性面」、「興味・価値観」、「社会性」、「意欲やる気」の4つに分けて判定され、本人の可能性、特性を多面的に評価しており、個人の特性や個性の全体像が、具体的なイメージとして把握できるようにビジュアル（表情）で表現したり、内勤型か外勤型かなど、二者比較や配置適性まで判定しています。

具体的には、「性格・個性面」では五つの型（思索型、活動型、努力型、積極型、自制型）、

「興味価値観」でも五つの型（日常周辺事型、客観・科学型、社会・経済型、心理・情緒型、審美・芸術型）、「社会性」では10の指標（積極性、協調性、責任感、自己信頼性、指導性、共感性、感情安定性、従順性、自主性、モラトリアム傾向）、「どういうことに意欲・ヤル気を出すか」、いわゆるモチベーションリソースについて10指標（達成欲求、親和欲求、求知欲求、顕示欲求、秩序欲求、物質的欲望、危機耐性、自律欲求、支配欲求、勤労意欲）について判定しています。

以上、ＳＰＩとＣＵＢＩＣの判定内容について述べてきましたが、ＳＰＩなどは対策本が市販されて久しいように、大学生に対して就職支援アドバイザーが多くの支援を行なっているので、適性検査での判定も加味しながらも、その応募者を面接中心にどう見抜くかが大きなポイントとなることは変わりません。しかし、スカイプやＺｏｏｍで面接を行なっている組織も出てきているので、ＡＩのさらなる進化で、面接自体もどう変わっていくのかをしっかりと見ていきましょう。

①適性検査の意味を理解する

②適性検査にチャレンジする

③強み弱みを知ってどう活用するか理解する

5 ▼ 自分のスキルを知る

前述の資質、性格と同様、自分のスキルについて考えてみましょう。

あなたは自分のスキルを言えますか？　なかなか即答は難しいですよね。

では、自分が「何が得意か」を考えてみましょう。

得意となると、私は「体育」でしたね。小学校時代はソフトボールと剣道をやり、中学は野球部、高校も野球部、大学は部活がきつそうだったので、軟派に見える野球サークル（これが結構マジでびっくり）、そして社会人でも野球クラブに長年所属し……と一貫して野球をやってきました。じゃあ、野球が上手かったかといえば、残念ながら三振は多いしエラーもするし、たまにヒットやホームランも打ちましたが、決してうまかったとは言えません。……無理やりひねり出せば、小さなころからやってきたので、「継続力」とか多少の「忍耐力」、「集中力」なんかがあるかなと思います。

ただ、この三つの力（スキル）は打率や打点のように数値化して他人と比較できません。しかし、このスキルは、自分の中では高いものと言えます。

こんなふうに考えると、何か出てきませんか？　もちろん、社会人になってからのさまざまな局面で、さまざまなスキルを発揮されているはずです。それをいくつか出してみましょう。１８６、１８７ページのスキルチェックシートを参考にして下さい。

››› スキルの種類

スキル（技術）に関するキーワードはたくさんありますが、どんなものがあるでしょう。

弊社がスキルチェックシートとして挙げているキーワードは、仕事を理解する力、やる気を起こす力、時間管理能力、積極性、協調性、責任感、自己信頼力、指導力、共感性、感情安定性、従順性、自主性、周囲を巻き込む力、実行力、ビジネスマナー、専門的知識、コミュニケーション力、ＰＣスキル、語学力、論理的思考力、意志決定力、メンタルタフネス、情報収集力、リスク管理力などがあります。

››› スキルを発揮するには

では以上のような人が持つ多くのスキルを顕在化させるにはどうすればいいのでしょうか。

私が新社会人として入社したリクルートでは、当時新人営業向けに「飛び込み大会」というイベント（仕事の一環）がありました（さすがに、今やっている会社はないでしょうが）。これは朝から夕方まで終日外に出て、飛び込み訪問をしまくって訪問数や名刺の数を競う、というものでした。１日に何件飛び込めるかを競うものであり、多分２００件前後は飛び込んでいたと思います。ちょっとひるみそうですが、そのとき私は、反対に面白そうだと感じていました。

後日、自分一人で「一人飛び込み大会」なるものを行ない、３２８件飛び込み、名刺も50枚近くいただいた覚えがあります。もちろん、３２８件のうち1件でも引き留められて商品説明や商談があったらこんなに多くは訪問できなかったでしょう。

当時は、アポ取らずにビル倒し（10階建てのオフィスビルでワンフロア5社入っていれば、最上階から50社をくまなく訪問すること）しやすいビルを、あらかじめ目星をつけて訪問しました。福岡は拠点経済なので支店や営業所が多く、私が担当していた求人広告については、ものの数秒で「求人の予定はないよ」と即答されたり、本社の東京や大阪が決裁というところが多かったので、「本社一括だから、この支店で採用はないよ」とほとんど商談にもならず、「ケンホロ」（当時のリクルート用語で『門前払い』、けんもほろろからきている）でした。もちろん、もっとコミュニケーションスキルがあればヒアリングをすることで継続した話もできたのでしょうが、当時の私はまったくそのスキルもなく、「とにかく件数を稼ぐ」ことに注力して……３２８件と、今でも忘れない件数を積みました。

と長くなりましたが、こういったマシーンのように飛び込みを積み重ねたことで、「何を言われても動じない力」や、いかに相手に入り込むかという「対人折衝力」、フロアに入って周

2、あなたが現在までに身につけている（と思われる）スキルは、どんなスキルですか？

キーワードとその理由

①[キーワード：　　　　　　　　　　]
[その理由]

②[キーワード：　　　　　　　　　　]
[その理由]

③[キーワード：　　　　　　　　　　]
[その理由]

3、あなたが現在身につけていないスキルで、会社(組織)から身につけるべき(必要と思われる)スキルは、どんなスキルですか？

キーワードとその理由

①[キーワード：　　　　　　　　　　]
[その理由]

②[キーワード：　　　　　　　　　　]
[その理由]

③[キーワード：　　　　　　　　　　]
[その理由]

スキルチェックシート

運営会社　㈱ライズ

- 名前／＿＿＿＿＿＿＿＿＿＿
- あなたの職種／＿＿＿＿＿＿＿＿＿＿
- あなたのビジネスキャリア年数／＿＿＿＿年＿＿ヶ月
- 現在在籍する会社(組織)でのあなたのキャリア年数／＿＿＿＿年＿＿ヶ月

●あなたがこれまで社会人として歩んできたキャリアにおけるスキル(技術、ノウハウ、力、強みなど同義的言葉はありますが、ここではまとめてスキルとします)について以下のキーワード一覧から当てはまるものを選び、その理由を合わせてお答えください。

※キーワード一覧

仕事を理解する力、やる気を起こす力、時間管理能力、積極性、協調性、責任感、自己信頼力、指導力、共感性、感情安定性、従順性、自主性、主体性、周囲を巻き込む力、実行力、課題発見力、計画力、創造力、発信力、傾聴力、柔軟性、情況把握力、規律性、ストレスコントロール力、ビジネスマナー、専門的知識、コミュニケーション力、ＰＣスキル、語学力、論理的思考力、意思決定力、メンタルタフネス、周囲に働きかける力、情報収集力

1、あなたが入社してからの仕事において、一番がんばったことはどんな仕事ですか？
また、その時発揮されたスキルをキーワード一覧から選び、その理由を書いてください。

入社後、一番がんばった仕事

キーワードとその理由(複数回答可)
[キーワード：　　　　　　　　　　]
[その理由]

囲を瞬間で見抜く「洞察力」などが育まれたと思います。これは筋トレと一緒で、ある程度「量」をこなすことで、スキル（質）が高まる「量質転換の法則」にもつながったひとつの例だと、自負しています。

みなさんも、自分自身を振り返ってみて、何かの仕事でこんなスキルを発揮できたということがあるはずです。ぜひ見直してみてください。

① スキルの意味を理解する

② 自分のスキルを見極めて伝えられるようになる

③ なぜ、そのスキルが育まれたかを理解しておく

▸ 社会人基礎力からキャリアを考える

≫ 社会人基礎力って知っていますか？

これは、「職場や地域社会などで仕事していく上で重要となる基礎的な能力」として、経済産業省が提言したもので、簡単に言うと、「学問で得られる専門知識やスキル以外に、仕事などで必要になる力」のことです。

≫ 厚生労働省が2006年に制定

２００６年頃は１９８０年代後半からのバブルが崩壊し、景気の先行き不透明感が高まり、「ニート」という言葉も生まれました。ＮＥＥＴとは、Not in Education, Employment or Training の略語で、就学・就労・職業訓練のいずれも行なっていないことを意味する言葉ですが、若年の非正規労働者・無業者が問題化しており、若者が社会に適応して働くことを教育界と産業界が求めていた頃でした。

そこで、社会人として必要な能力を、経済産業省がカタチにしたものが社会人基礎力でした。この社会人基礎力は、主な要素として三つの能力（前に踏み出す力、考え抜く力、チームで働く力）と、それを構成する12の能力要素からなります。

前に踏み出す力には主体性、働きかけ力、実行力の三つ、考え抜く力には課題発見力、計画力、創造力の三つの能力要素がありますが、この二つの能力は、すべて一人で完結され伸ばすことができるスキルです。一方、チームで働く力は発信力、傾聴力、柔軟性、情況把握力、規律性、ストレスコントロール力と、６つの能力要素が設定されていますが、これは相手がいる中で発揮されるスキルです。この割合から、いかに社会では、他者とうまく関係性を保つかが求められていると言えます。

その他にも、厚生労働省が「若年者就職基礎能力修得支援事業（２００４年～２００９年）」の中で、三つの能力（13の要素）として、コミュニーション能力（意識疎通、協調性、自己表現力）、職業人認識（責任感、向上心・探究心、職業意識・勤労観）、基礎学力（読み書き、計算・計数・数学的思考力、社会人常識）、ビジネスマナー（基本的なマナー）、資格取得（情報技術関係、経理財務関係、語学力関係）を提示していました。

＞＞＞人生100年時代の社会人基礎力と新たな視点

さて、社会人基礎力が制定されて14年目を迎え、社会はもとより大学や高校、中学までこの社会人基礎力が広がっていますが、さらに新たな動きがはじまっています。経済産業省「『人生１００年時代の社会人基礎力』とリカレント教育について／産業人材政策室」では、「人生１００年時代」において、キャリアオーナーシップや成果を出すマインド、さらに付加価値を発揮し続けるためには、「一億総学び」社会の下で、絶えず学び直しを通じたアップデートや新たなスキルの獲得が必要不可欠としています。これまでの社会人基礎力は、大学生が一人前の社会人になることを目的としていたのに対して、「人生１００年時代の社会人基礎力」は、就学前から中高年の社会人に至るまで幅広い層を対象とし、これまで以上に長くなる個人の企業・組織・社会との関わりの中で、ライフステージの各段階で活躍し続けるために求められる力と定義しています。

さらに、人生１００年時代ならではの切り口として、「何を学ぶか（学び続ける力、ＯＳとアプリ、マインドセット、キャリアオーナーシップ）」、「どのように学ぶか（リフレクションと体験・実践、多様な能力を組み合わせる）」、「どう活躍するか（自己実現や社会貢献に向けて、企業内外で主体的にキャリアを切りひらいていく）」の三つの視点を加えています。

>>> これから求められる生き方

右記資料には、「人生１００年時代の社会人基礎力」の普及に向けた取り組みとして、(1)「人生１００年時代の社会人基礎力」を伸ばすためのリカレント教育、(2)その他リカレント教育〈①ＩＴ（高度ＩＴスキル、基礎的ＩＴリテラシー）、②技術者のリカレント教育、③生産

〈人生100年時代の社会人基礎力〉

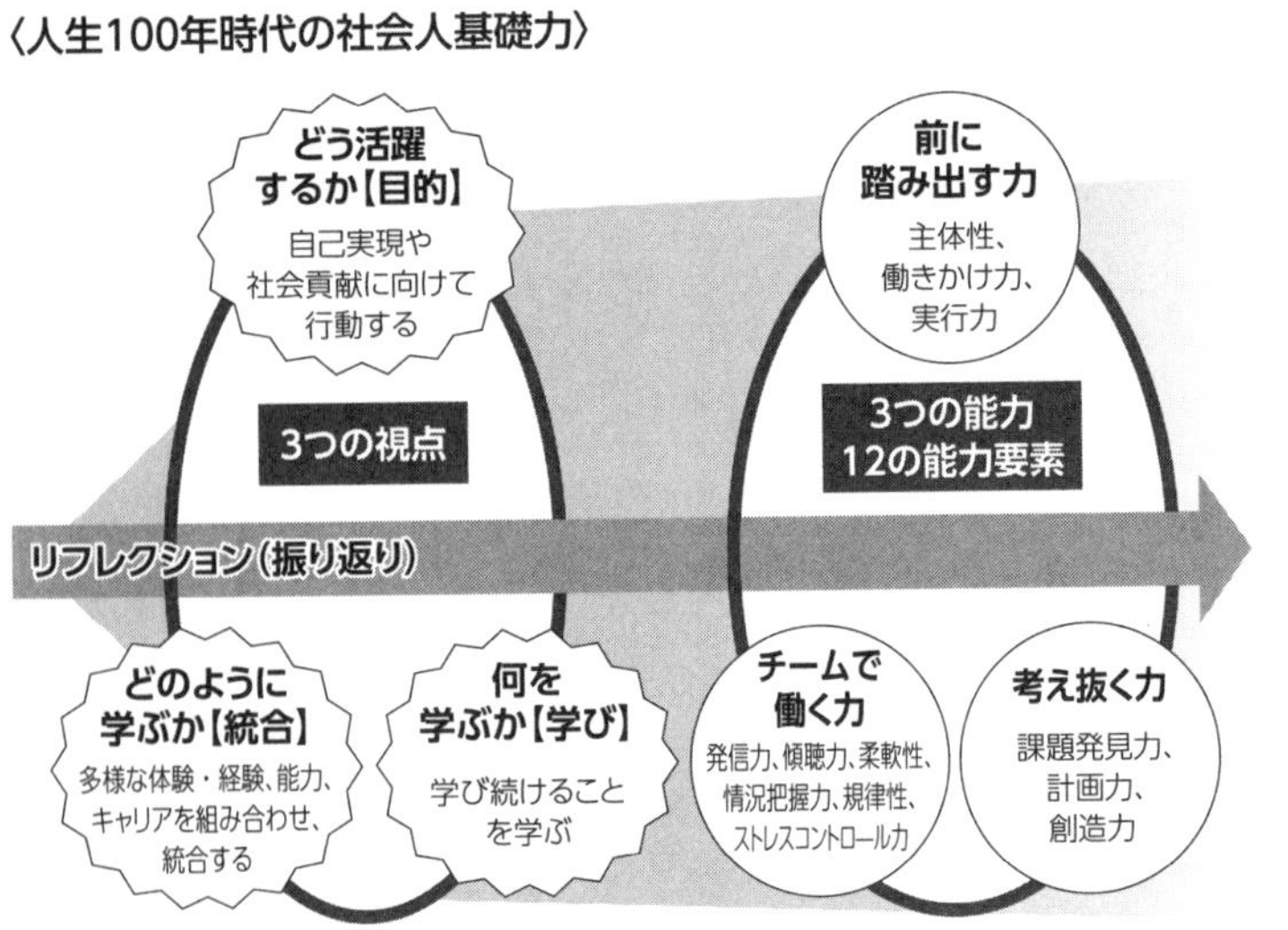

出所：「経済産業省（人生100年時代の社会人基礎力）より」

性コンサル人材育成、④女性の復職準備〉、⑶賛同企業・メディア等と連携した普及活動、⑷社会人基礎力の意識性に向けた取組の表彰、⑸時代に応じた効果的な情報発信、が掲げられています。

また企業側にも、自社の理念・ビジョンの浸透にはじまり、社員個々人との対話による相互理解、適所適材の人員配置、テレワーク・リカレント教育の推進など、社員のための成長機会を作っていくことが求められています。

①社会人基礎力がつくられた背景を理解する

②社会人基礎力が見直されることで、どういった変化があるかを考察する

③アフターコロナで求められるスキルが何か考察する

7 ▾ 元気に明るく挨拶をしよう

挨拶とは、人と人が顔を合わせたときや別れるときに行なう言葉や動作、また式典などで儀礼的に述べる言葉のことを表わしますが、語源は禅宗の問答「一挨一拶（いちあいいちさつ）」に由来していると言われています。挨拶は、「心を開いて相手に近づく」という意味です。挨拶をいまさら、と思われるかもしれませんが、リーダークラスの研修でも、挨拶指導は今でもよく依頼のあるプログラムです。ここは、講師として言葉の意味を押さえておきましょう。

>>> あなたは職場や地域で挨拶をしていますか？

あなたは職場で挨拶をし、されていますか？　もしかしたら、「ウチの若い連中は歩きスマホしてるから、挨拶全然しないよな」と思ったり、一方で挨拶するようアドバイスしたら、「なんで挨拶しなくちゃならないんですか」と、逆に迫られて困った、という経験がありませんか。

私は、会社の行動指針の2番目に「挨拶／私たちはいつも相手の目を見て挨拶を行ないます」と設定し、毎朝唱和し、お客様が来社されたときには、「元気に明るく」挨拶するように指導しています。またプライベートでは、ジョギングや筋トレしている公園で、ラジオ体操するおじいさんやおばあさん達と言葉を交わしたり、山登りやマラソンですれ違う方とは言葉を交わしています。

>>> 研修プログラムに「挨拶」が追加される

「挨拶ができない」「挨拶を研修で教えてほしい」

研修の打ち合わせで、よく出てくる課題のひとつに「挨拶」があります。「えっ、リーダークラスの研修に、ですか?」と聞き返したことが何度もあります。ここは驚かれるかもしれませんが、職場では意外に多い課題なのです。

では、なぜ会社で挨拶が交わされず、また求められるのでしょうか? これは会社だけでなく、大学や高校へセミナーに行ったときも、「ウチの学生は挨拶を全然しないんですよね」と言われることもしばしばです。また、研修中に受講者から、「挨拶は部下のほうからするものだとセミナー講師から言われたので、部下からするものと思っています」と言われたこともあります。

>>> 挨拶は何のためにするのか

それは、「働きやすい職場づくり」のためです。最近、挨拶は必要ないという風潮が強くなっていたり、「挨拶禁止」のマンションなどもあるようで、挨拶に対する捉え方、動き方が変わってきています。しかし、職場においては、業績を上げるために、同じ職場の仲間と必ず関わらなければなりません。一人モノづくりで完結するように見える陶芸家や作家でも、作品を売るためには、バイヤーや編集者と関わらなければなりません。そのときに、他者とのコミュニケーションがしっかりとれていなければ、相手に言いたいことも伝わらず、結果、相手が思う通り動いてくれず成果が出せないことになります。これでは、会社の業績だけではなく、会社のイメージダウンやお客様からの信用度や満足度の低下にもつながります。

挨拶の3ポイント

挨拶のプログラム時に、私は「挨拶の3ポイント」として、「目・声・姿」が大切と伝えています。

ここでは、あなたが挨拶をより理解し、研修時にアドバイスできるようにしておきましょう。

- **目**…「目は口ほど物を言う」ということわざがあるぐらい、何もしゃべらなくても、目からの情報で相手へ自分の感情や思いが伝わります。サッカーなどでは「アイコンタクト」という言葉があるように、言葉を交わさなくとも、目が合えば意思が通じるということです。

一方であなたは、挨拶時に目を合わさなければどんな気分になりますか？

- **声**…相手に聞こえる声で、はっきりと挨拶の言葉を伝えているかどうか。研修で必ず聞くのが、声の大きさで印象がどう変わるか、ということです。声が大きいと、「自信がありそう」

「しっかりしている」と思われます。これは、声が大きいだけでそういう印象を相手に与えるということです。挨拶とは直接違いますが、声が大きい＝自信を持っている、と思われるのです。これは簡単ですよね。ぜひ、これからも大きな声で！

- **姿**…人は見た目を気にします。明るくはきはきとした態度や表情であいさつしましょう。これが、日々同じ職場にいる社員同士であれば、もっと大切になります。

① 挨拶の意味を理解する

② 挨拶によるタイプ分けができるようになる

③ 挨拶ワークを行ない、アドバイスができるようになる

8 ▼ ビジネスマナー① ――身だしなみ

ビジネスマナーとは、仕事をする上で必要とされるマナーの総称で、社会における行儀作法です。

マナーと言ってもその内容は、言葉遣い・挨拶にはじまり、ビジネスの現場で必要とされるさまざまな情報のやり取り、ホウレンソウ（報告・連絡・相談）など、多岐にわたります。最近では、コミュニケーションはメールのやり取りが主となり、相手の顔が見えない状態でスピードある対応が求められるため、場合によっては、会社の信用を落とすことになりかねないこともあります。ここでも「マナー」が大切になります。

>>> ビジネスマナーの必要性

①自分の信用度を高める

ビジネスにおいて、あなたのビジネスマナーが、あなた自身の評価や、信用度を保つことに関わってきます。「挨拶が明るくていいね」「言葉遣いがしっかりしているね」などとマナーについて、相手はあなたを評価しています。そこで評価が高ければ、「一緒に仕事をしたい」と思われるでしょうし、逆に「なんだ、この対応は。感じが悪いね」と思われたらどうでしょう。将来の仕事につながるものも、その対応によってつながらなくなります。また、ビジネスマナーは、好感度を高めることにもなります。

②会社の顔としての信用を保つ

ビジネスの成果には、組織と組織の関係性が大きく関わってきます。もちろん、個人でビジネスを展開している個人事業主の方も多くいらっしゃいますが、相対する立場同士でビジネスを通して信頼関係を構築していくために、このビジネスマナーが大切になってきます。たとえ、あなたが新入社員であっても、相手はあなたを「会社の代表」として見て対応します。飲食店で、「研修生」と名札をかけて接客するようにするわけにはいかないし、相手のビジネススキルが高ければ高いほど、相手は高いレベルを求めてきます。そこで対応を間違えたり、ミスを犯したりすると、会社の信用問題にも発展しかねません。それほどマナーは大切なのです。

>>> 身だしなみ

身だしなみは、「ビジネスマナーの基本中の基本」と言えるでしょう。見た目＝身だしなみによって、その人の「価値観」をはじめ、「仕事に対する姿勢」が見られます。好感の持たれる服装を、と言われますが、業界や職種によっても違いますし、制服の有無によっても変わってきます。

また、服装を整えるだけでなく、常日頃の手入れ＝気配りも大切で、男性であれば髪や爪の手入れ、シャツのプレスや袖口の汚れなどの身だしなみ、ひげそり等も毎日きちんと行ない、相手に不快感を与えないようにすることも大切です。

>>> 姿勢

見た目によって「仕事に対する姿勢」が感じられるかどうかはもちろんですが、体調管理にもつながります。また、立つことは「安定感」と「疲労」に関わり、正しく立っていれば、どこにも負荷がかからず、安定と疲れにくさの両方が得られます。

正しく立つためには一言で言うと、「胸を張る」こと＝肩甲骨を意識することです。パソコンやスマホに向かう時間が多い現代において、それらを使う場合、肩に力が入り、肩甲骨周りが広がります。そうなると胸の大胸筋が縮んで猫背の原因となります。あとのポイントは、視線は前、あごは引いて、手は前か後ろで組み、かかとをつけることです。

>>> お辞儀

お辞儀とは、挨拶や感謝、敬意、謝罪などを表わすため、相手に向かって腰を折り曲げる動作のことです。ひとくちにお辞儀と言っても、その種類はさまざまです。お辞儀はビジネスマナーの基本でもあり、しっかりできないと恥をかいたり、相手に失礼になることもあります。

お辞儀の種類をきちんと理解して、シーンに合った正しいお辞儀ができるようしたいものです。ここでは、お辞儀の基本について知っておきましょう。

①お辞儀の種類

㋐会釈／軽い一礼で、上体を15度程度の角度で倒します。社内で他社員と廊下ですれ違ったりするときの軽いあいさつですが、立ち止まってゆっくり頭を下げると、よりていねいな印象を与えます。

㋑敬礼／来客の送迎や、訪問先での挨拶をはじめ、さまざまな場面で使うお辞儀で、お客様や目上の人に対する敬意を表するもので、30度程度の角度で上体を倒します。腰から頭まで一直線になるよう背筋を伸ばします。

㋒最敬礼／深々と頭を下げる、もっともていねいなお辞儀で、腰から頭までが一直線になるように背筋を伸ばし、45度程度の角度で上体を倒します。式典やセレモニー、訪問先から退出するときや感謝や謝罪の意を表する際のものです。

②「同時礼」と「語先後礼」

お辞儀には、「同時礼」と「語先後礼」とあり。「同時礼」は言葉とお辞儀が同時に行なわれる礼の仕方です。すれ違う時やちょっとした挨拶時のもので、「語先後礼」は言葉を発した後にお辞儀をする礼の仕方で、お迎えやお見送りの挨拶時のものです。

身だしなみチェックシート

●男女共通

ポイント	内容	
体調	体調管理に気をつけていますか	
	睡眠はしっかりとれていますか	
髪	毎日ちゃんと洗っていますか	
	社会人らしい髪型、髪の色ですか	
	寝癖はついていませんか	
	髪は、清潔にまとめていますか	
手	爪は短く切ってあり清潔ですか	
歯	歯はきれいに磨かれていますか	
口	お酒やたばこの匂いはしませんか	
服	服は職場にふさわしい色やデザインですか	
	服にしみや汚れがついていませんか	
	服のボタンがとれていたり、シワになったりしていませんか	
	シャツの襟首や袖口はきれいですか	
	服は職場にふさわしい色やデザインですか	
靴	靴下の色はスーツにあった色ですか	
	靴はきれいに磨かれていますか	
	靴のかかとはすり減っていませんか	
アクセサリー	アクセサリーはつけていない、または控えめですか	

●男

ヒゲ	ヒゲはきちんと剃っていますか	
服	ズボンの折り目はきれいについていますか	

●女

服	ストッキングは伝線していませんか	
化粧	メイクは適切な濃さですか	
	ネイルは派手なものになっていませんか	

① 身だしなみにはどのようなものがあるかを理解する

② 講師として求められる身だしなみを考察する

③ 姿勢を維持するためにどんなことに取り組んでいますか

9 ▼ ビジネスマナー② ——言葉遣い

ビジネスマナーにおいて、言葉遣いは非常に大切です。言葉は「言霊」と言われるくらい、その人の思いを表わすものです。小さい頃、何度「言葉遣いに気をつけなさい」と言われてきたことでしょう。言葉遣いについては、学生の立場であればそこまで気にしなくていいもの の、ビジネス社会では、言葉を間違えると命は取られませんが、相手との関係性が崩れたり、仕事がなくなったりと、あなた自身の信用度にも大きな影響を与えます。

>>> 敬語について

さて、「言葉遣い」と言われて何が思い浮かびますか？　すぐに思い浮かぶのは、敬語（尊敬語、丁寧語、謙譲語）ではないでしょうか。学生時代はなかなか遣わなかった・遣えなかった言葉であり、習っても、すぐに忘れたものでした。一般社会では、商店や飲食店でモノを買ったり食事をするときに店員さんの遣う敬語に接しますが、誰もが普通に使っているように見えて、見直すと結構難しいものです。

>>> 敬語を使う姿勢

「言葉遣い」は「心遣い」と言われるように、いかに相手を尊敬し大切にする気持ちがあるかが見えてきます。そのため、敬語を知って理解していないと上手く使えません。そこで相手を思いやる気持ちとともに、「言葉を知る」ことが大事となります。それが、態度や姿勢に表われてきます。日常的にビジネスの場で使われている敬語でも、お客様あっての会社であることを考えれば、相手を大事にしようと思う気持ちが働いていることがわかります。「上司が尊敬できない人」で、敬語を使うのがためらわれるときも、「相手を大事にしよう」という気持ちがあれば、言葉遣いは自然に望ましいものになってくるものです。

>>> 敬語の種類

①丁寧語／相手を敬い、言葉遣いをていねいにする言葉。強い語感や押しつけがましさをなくします。言葉の後に「ます・です・であります・でございます」などを加えます。

②尊敬語／相手の動作や状態に敬意を表する言葉。「おっしゃる・いらっしゃる」など、助動詞や補助動詞を添える場合（「れる・くれる」）などがあります。

③謙譲語／相手に対して自分のこと、あるいは自分に関することをへりくだる言い方で、間接的に相手を高める言葉です。特別なかたち（「わたくし」「うかがう」「いただく」など）や、接辞を付加する場合（「てまえども」など）、また補助動詞などを添える場合（「お…する」

など）があります。

>>> クッション言葉

クッション言葉とは、相手にお願いや断りを入れるときに使われます。相手にとっては、ネガティブな内容になりますから、いきなりお願いやお断りを伝えるよりも、ていねいな言葉でつなげることで柔らかい印象を与えることができますし、非常に役立ちます。一方で、多用するとかえって逆効果になることもあります。

たとえばクッション言葉には、「恐れ入りますが」、「お手数ですが」、「差支えなければ」、「失礼ですが」など、自分をへりくだらせる表現が多いのですが、使いすぎることによって、結果的に相手を小馬鹿にしているような言い回しになってしまったり、まどろっこしいと感じたりする人もいるようです。

>>> よく使われる言い回し

(1) すみません

「すみません」をあいさつ言葉のように使われる方も多いですが、私も社会人になったばかりのときに、ある目上の方と話をしている最中に「すみません」を乱発していたら、「『すみません』は謝罪の言葉で、今のやり取りでは感謝を示す『ありがとうございます』が的確だよ」と

〈一般の言葉に対する尊敬語・謙譲語・丁寧語〉

行為	尊敬語	謙譲語	丁寧語
会う	お会いになる	お目にかかる	会います
与える	くださる	差し上げる	与えます
いる	いらっしゃる	おる	います
言う	おっしゃる	申す	言います
行く	いらっしゃる	うかがう	行きます
思う	お思いになる	存じる	思います
帰る	お帰りになる	失礼する	帰ります
聞く	お聞きになる	うかがう	聞きます
来る	いらっしゃる	うかがう	来ます
知っている	ご存じである	存じている	知っています
する	される	いたす	します
食べる	召し上がる	いただく	食べます
話す	お話になる	お話しする	話します
見る	ご覧になる	拝見する	見ます

言われたことがあります。これは敬語ではありませんが、言葉遣いとして「すみませんの乱発」にも気をつけましょう。

⑵ お世話になっております

仕事におけるコミュニケーションツールは、手紙や電話・FAXからメールに変わってきて久しい中、そのメールで、必ずと言っていいほど使われる「お世話になっております」ですが、同様に「お世話様です」という言葉も見られます。「お世話様」は目上の人が目下の人に向かって用いる言葉なので、立場をわきまえて使いましょう。

(3) お疲れさまです

もともと、文字から連想して仕事を労う際に使う言葉ですが、その意味とは別に、挨拶言葉として広く使われています。「おはようございます」「こんにちは」と同じように、「お疲れさまです」と、会議や報告会などで発表者が最初に発する言葉として耳にします。また、社内メールの冒頭にも使われています。人によっては、「別に疲れていないのに、なんであんな言い方するんだろう」という言葉も聞こえてきますが、多くの組織で使われています。あなたの会社ではいかがでしょうか？

① 言葉遣いの意味を理解する
② 講師としての言葉遣いは何点ですか
③ 言葉遣いをよくするために、どんなことに取り組みますか

10 ▸ 理想のホウレンソウとは

ホウレンソウとは、報告＋連絡＋相談の略ですが、「企業活動を効率よく進めるための必須事項とされる、上司、同僚への、報告、連絡、相談の三つをまとめた語」（デジタル大辞泉）。ビジネス社会におけるコミュニケーションは、ホウレンソウで成り立っていると言っても過言ではない、と言われたことがあり、私も同感です。組織で仕事をする場合、「ホウレンソウ」による情報伝達が非常に重要ですが、この「ホウレンソウ」がなかなかうまくいきません。

一方、「ホウレンソウ」は必要ないという情報もあります。未来工業の創業者山田昭男氏が書かれた『ホウレンソウ禁止で1日7時間15分しか働かないから仕事が面白くなる』（東洋経済新報社）という本など、ホウレンソウの不必要性を問う本もあるぐらいです。

≫ ホウレンソウとは

①報告

上司からの指示や担当している業務について、その結果や進捗状況を伝えることです。

上司に報告することで、上司は部下に出した指示がどの程度進んでいるか把握でき、さらに、部下がしっかりと業務に取り組んでいるかも伝わり、上司との信頼関係がアップします。

逆に報告を怠ると、自分だけでなく、組織全体の業績に影響を及ぼしたり、未然に防げるミスが大きなトラブルになったりして、上司や組織との信頼関係の悪化につながります。

②連絡

同行のアポイントや、会議やイベントのスケジュールについて、関係者と情報共有をすることです。共有する相手は上司や部下に限らず、関係者全員が対象となります。

連絡することで、段取りよく業務が進められたり、想定外のことに備えることができます。

この連絡された情報が共有されていないと、訪問時刻に遅れてクレームになったり、会議予定時間にメンバーが集まらず時間が無駄になったりして、あなたへの不信感が生まれてしまいます。

③相談

自分だけでは判断がつかなかったり難しい案件にぶつかった場合に、上司や同僚にアドバイスをもらうことです。相談することで、的確な答えが見つかったり、新たなアイデアが生まれたり、業務時間や労力を減らすことで生産性の向上にもつながります。逆に周りに相談せず、自分だけで悩むことで、担当業務が遅れるだけでなく、組織全体にも悪影響に及ぼしたり、悩むことでストレスを抱えてしまうことにもなりかねません。

>>> ホウレンソウの成果

①業務のスピードアップ

しっかりと「ホウレンソウ」を行なうことは、自分の業務が順調に行なわれているかを、「客観的視点」で見ることができます。また、自分が気づかないところで、よりよい仕事のやり方のアドバイスもらったりすることで、業務スピードが上がります。さらに、上司はあなたの仕事の進捗管理ができるため、あなたへの信頼度も上がるでしょう。

②トラブルを防ぐ

自分が気づかない小さなミスでも、「ホウレンソウ」の中で上司や先輩が気づいてトラブルになる前に対処できる可能性があります。また「ホウレンソウ」を怠って、些細なトラブルが後で大きな問題になってしまうケースもありますので、「ホウレンソウ」は大変重要です。

>>> ホウレンソウのやり方

①5W2Hで具体的に

ホウレンソウは、相手にわかりやすく簡潔に伝える必要があります。そのために、情報を「5W2H」に当てはめて報告すると分かりやすくなります。5WはWhen（いつ）、Where（どこで）、Who（だれが）、What（何を）、Why（なぜ）で、「H」はHow Many（どのくらい／量）、How Much（いくら／金額）の頭文字をとった言葉です。

②「事実」と意見は分けて伝える

また、ホウレンソウで大事なことは「事実」と「意見」をわけて伝えることです。とくにトラブルやネガティブな案件の場合、感情が含まれ、「事実」と「意見」が混在して伝えられる場合が多く見られます。「気持ちはわかるけれど、まずは何があったかを正確に教えて」と、上司も言いたくないことを言わなければならないし、時間のムダです。困ったときこそ、一呼吸置いて情報を整理してから伝えましょう。

③次のアクションを明確に

たとえば、上司に業務の進捗状況を報告した場合、新たに指示を受けたり、やり方を変えるように言われることがあります。その場合、どのように動くべきか、組織内のメンバーに関わる場合には、関係者にどう伝えるべきかなど、その後の動きをしっかりと理解することが大切です。

連絡の場合は、関係者が正確に情報を受け取っているか、が大切です。会議の議事録など文書で回覧する場合、サインや捺印する枠があるのもその意味です。今は、一斉メールが主ですが、情報受信者も「見ました」「了解しました」という返信をすることで、発信者側が「伝わった」と安心できます。

相談の場合は、悩みやうまくいかない案件が多いでしょうから、相談後に行動したらあらためて、どのような状態か「感謝」を含めて、電話やメールなどで相手に伝えておくことが大切です。報告は上司のため、連絡は関係者のため、相談は本人のため、と言われますが、相談に乗ってくれた上司なり同僚は、時間とパワーを割いてくれています。ここはしっかりと感謝の念を伝えましょう。

① ホウレンソウの必要性を理解する

② ホウレンソウでうまくいったこと、いかなかったことを押さえておきましょう

③ ホウレンソウの大切さを伝えることでテッパンなキーワードをつくる

社内研修講師養成プロジェクト ステップ3

応用編

CHAPTER 05

ここからの各項目（テーマ）は「応用編」として、研修の対象者を次世代リーダーから管理職としており、専門性やスキル及び部下育成などの内容を盛り込んでいます。このレベルの講義内容を伝えられるようになれば、もう一人前です。そのためには各テーマに対して、講師候補者が自分なりの考えや経験を研修対象者が理解・納得できるように伝える力を磨かなくてはなりません。

さぁ、最終章です。講師候補者が学んだことを実践につなげられるように仕上げましょう。

1▼モチベーションを上げる

>>> 日本は139ヶ国中132位

「やる気後進国」と題して、2019年2月11日の日経新聞一面に、米国最大手の調査会社ギャラップ社が実施した「エンゲージメント・サーベイ」の結果が掲載されていました。日本企業はエンゲージメント（従業員による組織への愛着心や思い入れ）の高い「熱意あふれる社員」の割合が6％で、米国の32％と比べて大幅に低く、調査した139ヶ国中132位と最下位レベルでした。また、「周囲に不満をまき散らしている無気力な社員」の割合は24%、「やる気のない社員」は70%に達している、という内容です。

研修のアイスブレイクでこの情報を議論したら、「そんなものだ」という声もチラホラあり、こちらが「そんなものなんだ」とショックでした。

≫ 動機づけ衛生理論

仕事におけるモチベーションは昔から研究されていますが、理論的思考のテーマとなると、アメリカの臨床心理学者フレデリック・ハーズバーグの「動機づけ衛生理論」がよく上げられます。ハーズバーグが提唱したことは、人が仕事について満足感を得る場合、満足、不満足を感じる要因はまったく別物であるとする考え方で、人間には2種類の欲求があり、苦痛を避けようとする動物的欲求と、心理的に成長しようとする人間的欲求という別々の欲求があるというものです。

仕事について、満足感を感じる要因と不満足を感じる要因は違い、不満足要因（衛生要因）をいくら取り除いても、満足感を引き出すことにはつながらず、不満足感を減少させる効果しかありません。仕事の満足感を引き出すには、「動機づけ要因」にアプローチしなくてはならないとし、動機づけ要因としては「達成感」や「責任感」、「賞賛」などで、衛生要因としては「職場の人間関係」、「勤務時間や職場環境」、「給与や福利厚生」などを挙げています。動機づ

〈自己肯定感の国際比較〉

●「自分はダメな人間だと思うことがある」

	とてもそう思う	まあそう思う	あまりそう思わない	まったくそう思わない
日本	25.5	47.0	22.9	4.5
米国	14.2	30.9	25.8	27.8
中国	13.2	43.2	33.3	10.1
韓国	5.0	30.2	42.5	22.4

出典：国立青少年教育振興機構「高校生の生活と意識に関する調査報告書―日本・米国・中国・韓国の比較」2015年

け要因は、満たされれば満足に結びつきますが、満たされないからといって不満足に結びつくことは少なく、衛生要因が満たされないと、不満足につながります。この点から、ハーズバーグは、従業員のモチベーションアップや仕事に対する満足度の向上に、衛生要因の改善だけではだめで、動機づけ要因への刺激が大切であるとして、「職務の充実」などを挙げています。

≫ポジティブシンキングを取り入れる

自己評価についてのデータで、日本の子供がアメリカ、中国、韓国に比べて非常に低いということが、国立青少年教育振興機構の調査（「高校生の生活と意識に関する調査」平成27年度調査）などで指摘されたことで、「自己肯定感」や「自己効力感」が注目されるようになってきました。この自己肯定感は、モチベーションにも影響を与えています。

「自己効力感」は、自分がある状況において必要な行動をうまく遂行できると、自分の可能性を認知していることを示し、「自分は目標を達成できる」と思えば、行動する確率は高まり、「自分には無理」と思えば、行動は起こりにくくなるとしています。これは、仕事の成果をどう上げるかに関わる考え方のひとつです。

⋙ モチベーションを高める言葉〜ペップトーク

ペップトークとは、スポーツ選手を励ますため、監督やコーチが試合前や大事な時に投げかける短い言葉やメッセージのことを指す言葉です。アメリカではセールスマンの営業研修やＩＴ技術者のモチベーションアップ研修にも取り入れられています。

具体的なペップトークの使い方としては、「してほしいことを明確に伝える。してほしくないことは伝えない」ことがポイントです。

たとえば、

①「廊下は走るな」ではなく、「廊下は静かに歩きなさい」

②「絶対事故るなよ」ではなく、「今日も安全運転で」

③「駆け込み乗車はお止め下さい」ではなく、「次の電車をお待ちください」

簡単なようですが、日々生活している中で、なかなか後者のようには言えません。研修でも、このプログラムのワークを行なって実際にテストすると、「どうしてもやってはいけない、ＮＧワードが頭に浮かぶ」、「ふだんネガティブな言葉を発してるせいか、なかなか言葉が出て

3、モチベーションアップについて
⑦モチベーションを上げるためにあなたが日頃気を付けている点はどんなところですか？
⑧ ⑦の理由を教えて下さい
⑨モチベーションが下がった時に、部下育成についてあなたが力を発揮できていない点はどんなところですか？
⑩ ⑨の理由を教えて下さい

あなたのモチベーションチェックシート

年　　月　　日

あなたの名前／	あなたの部署の名前／

1、モチベーション（やる気）について

①あなたのモチベーションリソース（ヤル気の源）は何ですか？

②そのモチベーションリソースを、あなたは上司と共有していますか？

③最近のモチベーションの度合いはいかがですか？

2、あなたの目標について（日、週、月、四半期、年　等期間も含めて）

④現在の目標はどんなものですか？

⑤その目標達成の状況はいかがですか？

⑥あなたは上司としての目標達成へ向けたアドバイス、マネジメントはできていますか？

こない」という声が多く出ます。「走る」、「事故る」、「駆け込む」と、やってほしくないことを言うのではなく、「歩く」、「安全運転」、「待つ」と、やってほしいことに言葉を替える。これだけで、言われた相手が変わることができます。ネガティブな言葉はできるだけ使わず、肯定的な言葉、承認する言葉を用いて、よい結果が出せるように意識しましょう。

① モチベーションについて、さまざまな旬情報を持っておく
② 自己肯定感、自己効力感を深く知っておく
③ ペップトークを、ふだんから使えるようにしておく

2 ▾ プレゼンテーションを磨く

プレゼン（＝プレゼンテーション）と聞いて、あなたはどんなイメージを持ちますか？

プレゼンテーション（presentation）とは情報伝達手段の一種で、聴衆に対して情報を提示し、理解・納得を得る行為を指します。売り込みたいテーマや企画について、効果的に説得するための技法のことです。

私は、リクルートの営業マン時代、多くのお客様へプレゼンを行なってきました。ときに大きな案件では、何枚もの企画書を作成し、何人ものクライアントを前に、上司が同席する中、企画書を一枚一枚説明しながら、最後に見積書を提示して「いかがでしょうか」と締めて、クライアントの出方を見る、というものでした。プレゼンしている途中、見積書ばかり気になり、「提示額に対して何と言われるか」ばかりが頭にあったことも覚えています。

≫ プレゼンの事前準備

①わかりやすさを追求する

プレゼンテーションは相手あってのものですから、相手がわかりやすいように構成することが大切です。そこでは、「相手のニーズが何か」を明確にし、その課題をどう解決できるかハッキリさせなければなりません。「企画書はＡ４１枚でＯＫ」という本もあれば、企画書というのは、その提案に至るまでの背景を主観的単眼視点ではなく、客観的データで示さなければならないということで、何十枚もの企画書を提示するパターンもあるようです。

②データや数字など客観的視点を示す

商品・サービスの提案は、ややもすると「売りたい」がための単眼的内容が盛りだくさんになりがちですが、ニーズに対して客観的なデータがあると、先方からの信用度も高まります。提案に関する周辺環境について、データや数字を活用することが聞き手にとって想定値だったとしても、プレゼンの内容との関連性が高まりイメージしやすくなることで、「疑問」が湧かず次に進めます。一方、具体的なデータが何枚にもわたっていると、相手は課題解決への期待感が冷めてしまうため、適度なボリュームにしておくことが大切です。

③見やすさが大切

これは、多数の人のセミナー時、プレゼンテーター―がパワーポイントなどのデータを映す場合ですが、文字が小さくて見えないことがあります。プレゼンする側は、「一所懸命相手に伝えたい」と思って作成したのでしょうが、聴く側の「見えない」ストレスは思った以上に高いものです。これも、どんな会場でどう映し出されるかを事前に見ておいて、後方に座ってみてスライドショーが見える位置にあるか、文字がどのぐらいの大きさだったら見えるか、など確認することも大切です。多くのセミナーで、このような残念な場面に出くわすので、わざわざマイナスポイントを稼がないように注意しましょう。

>>> プレゼン当日

①心構え

みなさんは、多数の人の前で話す時、心の状態がどんな感じで、それにどう対応しようとしていますか。私は、セミナーや研修で多数の人の前で話すことを数多く経験してきたので、緊張もほどほどで話すことができます。しかし、人前で話すことが「得意」だったり、「平常心でできる」という人は少なく、できれば人前で話したくないという人が多いようです。だからこそ、プレゼンの場において平常心で臨むことができれば、「提案」に徹することができます。

②結論から伝える

私が、研修を含めビジネスの場で一貫して伝えていることの一つに、「結論が一番」がありますが、プレゼンでも同様です。簡単なようで、これがなかなか難しいのです。一方で、アイスブレイクはＯＫですが、あまりにも前提条件や本論からずれた説明から入ってしまうと、聞き手のプレゼンに臨む緊張感が萎えてしまいます。ここは、アイスブレイクは一言にして、後は本日の主旨とともに結論をビシッと伝えましょう。

③先方の動きを見極める

緊張感を持ったプレゼンの場で、あなたは発言しながらも、しっかりと先方全員の動きを見ていますか？

プレゼンの最中で大事なことは、先方がどこでどう感じたか、です。

後で質問を受ける場合も、この途中の動きを見ておけば、どのページのことが聞かれるかなど心積もりができます。企画書を読み進めていく中で、「企画書をめくる手が止まったり」、「アンダーダラインをつけたり」、「話の先のページをめくる」など、とプレゼンのスピードに合わない行動を取られる場合があります。その場合は、それは何かのシグナルです。この見極めを行ないながら話を進めれば、その後の質疑応答もしやすくなること間違いなしです。

① プレゼンテーションでわかりやすく伝えるスキルを磨く
② さまざまな場面でプレゼンを行なってみる
③ プレゼン後の自己評価と他者評価を行なう

3 ▼ 時間管理ができていますか

>>> 時間は有限

弊社のメイン商品である研修において、時間に関しては非常にナーバスになるべきものと感じています。

講師が、終了時間を数分でも遅らせると、受講後のアンケートで「時間通りに終わらなくて、後の仕事に影響が出た」、「今日のプログラムで、しっかりとマネジメントを行なっていきましょうと講師が言っていたけれど、言っている人（講師）が時間通りに終わらなかった」など、プログラム内容ではなく、時間について言及されることが何度もありました。「たった1分ぐらいいいじゃない」と思った時点で、まさにタイムマネジメントができない人と見られます。これでは、もったいないです。

会議でも、たとえば10人が集まった会議で10分オーバーしたとしたら、その組織は10人×10分＝100分のロスをしたということになります。日経新聞（2019／5／28）で「会議と移動は時間泥棒」と書かれた記事がありましたが、私は、「残業代を稼ぎたい人以外は、1分でも早く帰りたいはずだ」といつも言っています。

>>> 時間を有効活用する考え方

①管理する

あなたは、1日をどんな業務にどれだけ時間を使っているか言えますか？

これも、前述の日経新聞の記事内に「就労実態を調べると、社員は1日平均4時間も会議出席と資料準備に費やしていた」「約600人の全営業社員を調査した。業務を一つひとつ洗い出し、総労働時間の25％が移動時間だった」とありました。「1日平均4時間の会議出席」は極端としても、業務の時間管理は大切だし、なんとなく時間を使っていたりしていないか、と振り返ってみましょう

ここを意識すれば、「赤字時間」が「黒字時間」となり、早く帰ることができます。リクルートの創業者である江副浩正氏も、「計画と振り返りに1日に働く時間の10％を使うべきである」と言っていました。

②記録する

二つ目に重要なことは、記録をすることです。

人間が、瞬時に覚えることには限界がありますから、記録することで、その情報について振り返ることができたり、新たな動きに活用できます。紙に書くこと以外に、ホワイトボードの活用やスマホのボイスメモ・画像機能なども活用するといいでしょう。

私は、アイフォンの純正アプリ「メモ」で音声入力を使います。40秒で200文字は入力で

きます。最近は、人が発言した言葉をすべて即入力するソフトができないか、と入力業務をするメンバーを見て考えています。

③まとめる

時間は細切れではなく、大きなまとまりで捉えることが重要です。

組織の長の立場だと、多くの案件を抱えることになり、使える時間は細切れになります。細切れの業務では「熟考」できず、曖昧な判断や間違った判断をしがちです。スピードが求められるこの時代だからこそ、早いだけで間違った判断をしたのでは、何の意味もありません。そこで、時間を大きくまとめて考えることが必要です。

時間をまとめる方法として、1日を3分割〈生理的欲求の時間（睡眠、食事）、コミュニティの時間（自分、家族、社会のための時間）、仕事の時間〉にしたり、1日を4分割（睡眠、私生活、インプット時間、アウトプット時間）にする方法があります。そこまでできなくても、「これから来週提案する企画を一人で考えます」と3時間会議室に籠るとか、数時間単位でまとめて行動することをやってみると、メリハリもつけられ生産性の向上にもつながるでしょう。

>>> 時間の有効活用方法

①やらないことを決める

仕事を始めた頃、多くの案件が重なって困っていたら、上司から「優先順位をつけるように」と言われていましたが、最近では「やらないことを決めること」が大切だと感じ、よくこの言葉を見かけるようにもなりました。また断捨離や片づけ術などが流行っていることもこれに通じますが、人は何かと抱えたがるそうなので、まずは仕事（情報）を整理して、「やること、やらないことを決めて」から動くことが大事です。

②集中する時間を作る

仕事に集中すると言っても、1日8時間ずっと集中することは、なかなかできません。トリンプ・インターナショナル・ジャパン元社長の吉越英一郎氏は、「毎日2時間（12時30分～14時30分）は、自分の仕事だけに集中するための貴重な時間として、コピー・電話・立ち歩き禁止。部下への指示や上司への確認も禁止」というルールの「がんばるタイム」を設けて仕事に集中する時間を強制したそうですが、後に大ヒットした「天使のブラ」の企画は、この時間に生まれたそうです。

また私も、脳科学者が書く「脳の習慣」、「脳の活用術」なるものをよく読んでいますが、集中力を高めることが、生産性を上げることにつながると感じています。

③メリハリをつける

集中する時間と合せて、切り替える時間は大事です。コーヒーブレイクや喫煙タイム（私は吸いませんが）は、昔から貴重な時間とされてきましたが、今はスマホタイムのようです。切り替える時間を、コーヒーやタバコ、スマホなどに費やすのもいいのですが、たまには同席する人と雑談でもしたほうが、頭がリフレッシュされることもあります。そしてデスクに戻ったら、メリハリつけた頭（脳）で、ビシッと集中力を発揮しましょう。

①打合せや会議で、時間管理について議論する
②一つのテーマに対して、1分間スピーチを行なってみる
③やらないことを10項目決める

4 ▼ 目標設定の必要性

目標達成、これは私がリクルートに入社して以来、耳にしない日がなかった言葉です。

目標を達成すれば営業マンとして認められ、達成しなければ認められないだけでなく、昼間会社にいるだけで居心地が悪かったので、毎日ノートに達成状況（売上額、達成率、目標残額）を書いてはにらめっこをして、「何としてでも達成してやる！」という日々を過ごしていました。

>>> 目標とは

目標とは、「そこに行き着くように、またそこから外れないように目印とするもの。……行動を進めるにあたって、実現・達成をめざす水準」（デジタル大辞泉）です。

みなさんの日々の仕事でも、さまざまな「目標」が設定されて、達成に向けて業務を遂行されていることでしょう。

>>> 目的と目標の違い

目標と混同される言葉に、目的があります。目的は目指す的、目標は目的を達成するための標（しるべ）。

たとえば、会社が売上げを上げることを目標とする場合、目的は「お客様に商品を買っていただき喜んでもらうこと」で、目標は「その目的の達成手段」であると認識を共有していなければ、売上げを上げることが目的になってしまい、目標達成しているときはいいが、未達成が続くと、「何のために仕事をしているのか」、「何のために商品を売っているのか」となり、売上げを上げることにばかり注力して、負のスパイラルに陥りかねません。

≫ あなたは目標を持っていますか?

仕事をするうえで、目標は非常に大切です。営業職や販売職など、数字で管理できる職種であれば、簡単に設定できますが、事務や経理、介護職など、「数字管理していない・できないスタッフ」でも、必ず目標設定はできます。「目標設定の仕方がわからない」、「もともと、目標とか必要ないんじゃないですか」と言われると、目標の意味と、「目標＝現状＋課題解決」について伝えています。誰でも、今の職場で働く意義を持っているはずです。その意義を顕在化させて、組織貢献するためには「目標」が必要です。もちろん、私が担当する企業で、目標がなくても日々やりがいを感じて働いている方もいらっしゃいますが、私の長いビジネス経験で、目標設定して達成、未達成を経験したことや、非営業のスタッフにも目標を設定させることから、目標の大切さを強く感じています。

>>> 目標の立て方

目標の立て方にはさまざまな方法がありますが、まずはあなたの課題は何か、が一番大事です。前述のように、「目標＝現状＋課題解決」なので、まずは課題を明確化することで、自ずと目標が設定できるようになります。ここでは、目標設定に関する理論をいくつかあげてみましょう。

①ＫＧＩとＫＰＩ

ＫＧＩとは、（Key Goal Indicator）の略で、組織の最終目標の達成度を評価するための「重要目標評価指標」のことを言います。組織やプロジェクトが達成すべき目標を、定量的な指標で表わしたもので、抽象的な目標ではなく、いつまでに（どの期間で）、何を（どの指標で）、どうなったら目標達成とみなすかを具体的に数値化して定義したものです。また、その指標自体を指すこともあります。

ＫＰＩとは（Key Performance Indicator）の略で、「重要業績評価指標」と訳されており、ＫＧＩを、構成する要素ごとに設定した組織の目標達成の度合を定義する補助となる計量基準群のことです。一言で言うと、ＫＧＩは結果目標であり最終目標で、ＫＰＩはその行動目標や部門目標ということができます。

次ページ上に「ダイエット」を例にＫＧＩとＫＰＩの関係について簡単に示しました。

〈KGIとKPIの構成図（ダイエット編）〉

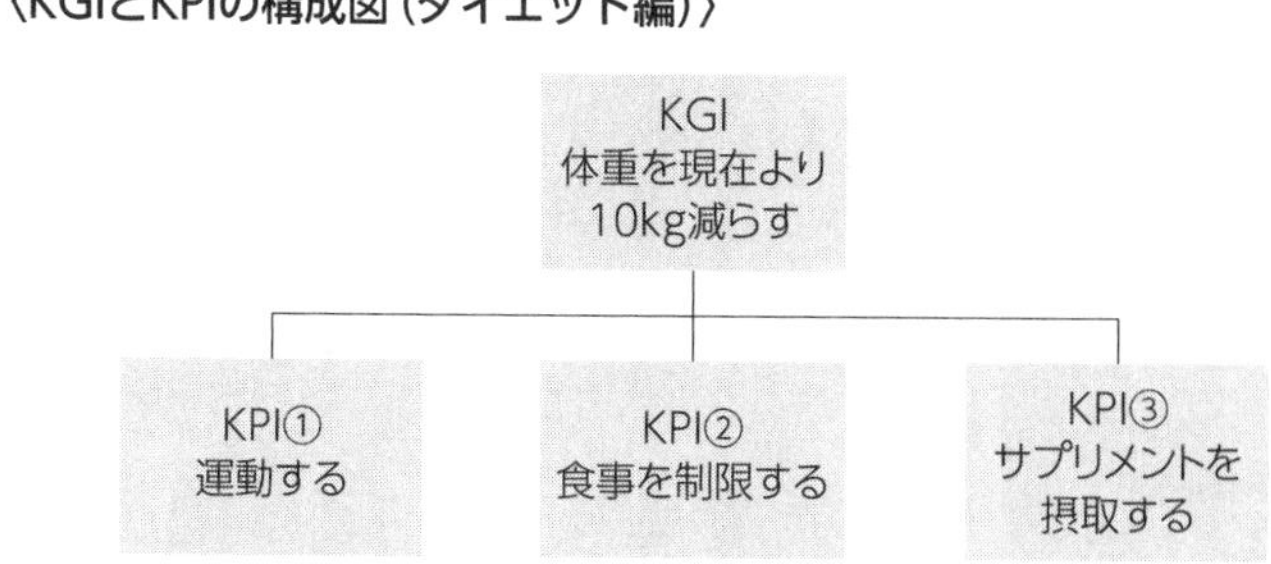

②SMARTの法則

SMARTの法則とは、目標達成に向けて5つの観点に分けられた目標設定法で、「具体性（Specific）／設定した目標は具体的でわかりやすいか」、「計量性（Measurable）／目標達成率や進捗度を数値化できているか」、「割当設定（Achievable）／役割や権限を個別に割り当てているか」、「実現可能性／Realistic）／現実的な目標を設定しているか」、「期限設定（Time-related）／目標達成に期限を設けているか」の5つの因子を設定することで、目標設定から進捗チェック、そして達成への流れを明確に構成しています。

○補足

最近では、原田メソッド、曼荼羅チャートなども注目されています。目標達成のための理論をいくつかご自身で収集して理解しておきましょう。

① 目標設定について、経験を語れるようにしておく
② ＫＧＩ、ＫＰＩを知らない人へ、説明できるようにしておく
③ ＳＭＡＲＴの法則に合わせた目標設定ができるようにしておく

5 ▶ 課題解決力を発揮する

≫ 課題の抽出から解決の手順

①目標（理想形）の明確化

職場における多くの壁（問題）の中で、どれを解決するか、優先順位をつけることがまず求められます。それは全社に関するものなのか、各部署内でのものなのか、個人のものなのか。ここには、事前に明確な目標達成への道（考え方・動き方）が見えていなければなりません。その目標がなぜ達成されなければならないのか、達成すれば何が変わるのか、も見えていなければなりません。

②課題抽出

目標を達成するためには多くの課題があり、さらに達成へ向けた過程で新たな課題が発生します。これをどう乗り切るか。想定内の課題もあれば、突発的な課題も発生します。ここで課題の背景などを探ることができるように、具体的な課題を抽出しなければなりません。そのためには、5W2Hをハッキリさせながら抽出していくことが大切です。

③課題背景を探る

課題の抽出ができたら、なぜその課題が出てきたのか、さまざまな観点からその背景を探ります。ここでのポイントは、「人・モノ・カネ・情報」です。それぞれのポイントについて、「なぜ、それが課題なのか」を他者と共有することが大切です。これは個人の課題であっても、会社から求められる目標・業務などに照らし合わせることで、「会社・組織とのズレ」をなくします。

④解決策の立案

課題の抽出同様、5W2Hがカギとなります。解決への糸口をつかむには、何のために（Why）、だれが（Who）、何を（What）、いつまでに（When）、どのようにするか・進めるか（How）を再度明確化することで、解決策が見えてきます。さらに、2H／いくらか（How Much）、どのくらいか（How Many）なども検討することで、さらに解決策が増えてきます。

⑤解決策の実行

①の解決策の立案ができたら、実際に実行に移すのみです。また、解決策はひとつとは限りません。課題に応じて、複数の解決策を選ぶことも重要です。解決策を選択したら、それぞれをタスク化し、担当と期限を決めます。そのタスクを完了した結果、一つひとつの課題が解決されることにより、目標達成に近づいていきます。

ここまでしっかり段取りを組んできたからには、しっかりと解決に結びつけなければなりません。そのためには、実行しながらの進捗チェックが重要となります。

≫ 課題解決のためのロジカルシンキング

次に、課題解決のために活用できるロジカルシンキングをいくつかご紹介しましょう。

①ピラミッドストラクチャー

伝えたいこと（主張）とその根拠（事実）を図式化するもので、三角形のピラミッドを横に分割したような形となるため、ピラミッド構造とも言われています。

最下層は根拠となるデータ、2階層はデータに基づく根拠、最上層が伝えたい主張の根拠となる情報や事実で構成します。このように、主張を論理的な視点から分析し、同じ内容をグループ分けするなどで整理をし、順序立てて論理を展開していくことで、一見すると難解に思われる問題でも、明快な答えが導き出される可能性が生まれます。

②MECE

ＭＥＣＥ（＝Mutually Exclusive, Collectively Exhaustive）は「モレなくダブりなく」という意味で、さまざまな情報を整理する時、同じ意味を持つ要素が重複したり、大切な部分が抜けたりしないようにする考え方です。

シンプルで取り組みやすいので、組織の課題など、複雑化されたものに対して俯瞰しながら、個別課題に取り組むトップダウンアプローチと、個別課題からまとめていくボトムアップアプローチで課題解決につなげます。

〈ロジックツリーの構成図〉

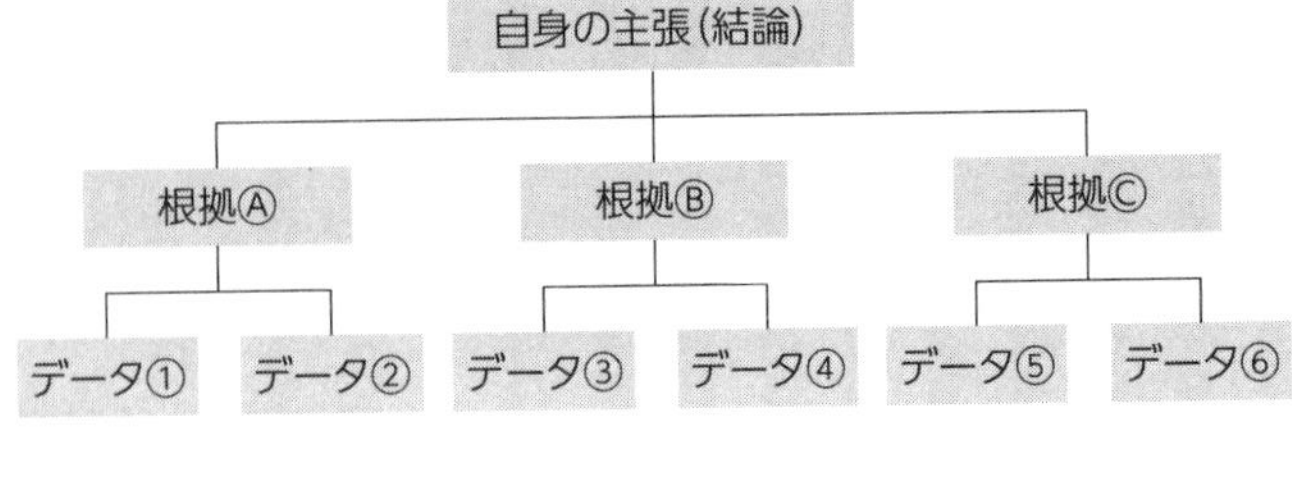

③ロジックツリー

ロジックツリーとは、課題の「原因と結果の筋道」をツリー上に図式化したもので、最上層に「結果起きている（起こる）こと」、その下に「その原因」を掲げ、さらにその原因の因果関係を掘り下げていくことで新たに下層ができ、その結果、ピラミッド型の図になっていきます。

ロジックツリーとピラミッドストラクチャーは同じように見えますが、ロジックツリーはひとつの物事について複数の要素に枝分かれさせ細分化させるもので、ピラミッドストラクチャーは、ひとつの主張に導いていくため複数のデータと根拠を並べる方法なので、情報の流れが正反対であることが大きな違いです。

課題解決ワークシート

課題解決ワークシート
課題
理想形
なぜそれが課題か（理由）
課題解決への流れ ①課題の抽出
課題の分析
②解決策の立案 何を、いつまでに、誰（と誰）が、どのようにするか（進めるか）
③解決策の実行

① 課題解決できた自社の事例を3件ピックアップする

② 課題解決のための理論の理解度を深める

③ 現在ある自社の課題に対して、その解決策を理論的に考察する

6 ▾ 理想のリーダーとは

組織を司るリーダーにはどんなことが求められるか、理想のリーダーはどんなことを行なうべきか。日々刻々と変化する現代においては、組織においてリーダーがリーダーシップを発揮しなければ、組織が生き残れない時代になっています。また「理想のリーダーシップ像」も多岐にわたっています。そのリーダーには今、どんなことが求められているのかを考えてみましょう。

≫ 方向性を示す

組織は、独自の考え（理念）に基づき、方向性を示して事業を進めていかなければなりません。そのため、せっかくすばらしい理念が創られたとしても、方向性を示さなければ繫留したままの船と同じです。あなたの会社は、しっかりと方向性を示していますか？

この船はどこに進もうとしているのか？

あなたが乗組員だったら、どこに進むかわからない船に乗りますか？

その方向性を示すことがリーダーの仕事です。これは経営トップだけでなく、役職はさまざまでですが、組織を司るリーダーであれば、入社歴が浅くても求められる仕事です。組織が示す方向性を、どう部下に伝えるかがカギです。もちろん、上司（経営陣）の言う言葉通りに部下に伝えるようでは、組織長（リーダー）としては失格です。部下へ伝えるには、自分の言葉で伝えなければなりません。

>>> 仕事を任せる

リーダーは毎年、成長していますか？

まさか、1年前と同じ仕事をしていませんよね。リーダーは方向性を示しながら、部下に仕事を任せなければなりません。組織が事業展開していく中で、リーダーは部下を成長させるため、仕事をどんどん任せることが求められます。「任せる」ことは「仕事をふる」ことではなく、「失敗する権利を与えること」と言われます。

野球にたとえると、レギュラーではない選手が、代打などでバッターボックスに立った場合、ベンチにいる選手たちはどんな声をかけるでしょう。「ホームランを打ってこい！」、「何としても塁に出ろ！」と言うでしょうか。違いますね。「三振してもいいから、思い切って振ってこい！」と言いますよね。期待する、求めることはよい結果（ヒットやホームラン）ではなく、その過程に対して懸命に取り組むこと（思い切って振ること）です。野球で三振はアウトで、相手の有利になること（＝チームが劣勢になること）なのに、です。

何度も同じ失敗はいけませんが、しっかりと準備をしたら、まずは思いっきりやらせる（チャレンジさせる）、という気持ちで送り出しましょう。そうすれば、部下は委縮することもなく、思い切りリーダーの下で結果を出すために最大限の力を発揮するでしょう。

ここで大切なキーワードは、「部下は行動責任を、上司は結果責任をとることが大切」です。

≫ 業務の流れを仕組み化する

①会社や仕事の情報をまとめる

中小企業は、大手に比べてしっかりした仕組みがありません。

また、経営者が創業し年数を積み重ね、従業員も増えてくると、従業員全員には経営者の目が届かなくなります。そうなると、さまざまな情報管理が必要となります。

まずは就業規則や賃金規定をはじめ、仕事のやり方を示すマニュアルや、社外に会社をＰＲする会社案内、商品を紹介する商品パンフレット、ネットであればホームページを作成することが必須となっています。そのためには、自社のこれまでの情報をまとめる必要が出てきます。そうすることで、誰もが同じように、会社のことや商品のことを示し、さまざまな仕組みが作れる状態につなげられます。

②リーダーのコピーは創れない

どんなに優れたリーダーであっても、リーダーのコピーをつくることはできません。

理想のリーダーチェックシート

◎あなたが考える"理想のリーダー"を考えてみましょう。

①あなたが想う"理想のリーダー"はどんな人、誰?

②"理想のリーダー"とあなたはどこが似ていますか?
(どんな能力・スキルを持っていますか)

③"理想のリーダー"とあなたはどこが違いますか?
(どんな能力・スキルが欲しいですか)

④どうしたらあなたは"理想のリーダー"になれますか?

たとえば、部下が仕事の相談に来た時に、これまであなたが行なってきた業務を「あなたのやり方」でそのまま部下に伝えたら、いわゆる属人的なものとして部下は受け取り、「それではわかりません。それは、リーダーの経験があるからできるのであって、私はその経験がないのでわかりません。もっと、私にわかるように教えてください」と言われてしまいます。

そこで、業務の仕組み化が求められます。

「仕組み化する」というと、「システム会社にプログラム構築を頼むのか」という声が聞こえてきそうですが、仕組み化するということは、あなたの仕事を「一度分解して、再度組み立てる」ことで、再構築された仕事の流れを部下に示すと、理解度が高まり、仕組み化が進みます。

①「理想のリーダー」ワークシートにチャレンジする

② 社内で、「理想のリーダー」について議論する

③ 業務の流れが仕組み化されているか、検証する

7▼面談スキルを知る

部下を把握するためのツールに、面談があります。

入社数年も経てば、部下を持つことになりますが、そこではいかに部下のことを的確に把握するか、がマネジメントのカギとなります。私は、国家資格キャリアコンサルタントとして、就職・転職相談から、企業内キャリアコンサルティング（企業に属する一人ひとりに対して1時間程度の面談を行なうプログラム）を実施していますが、このような業務は、部下にとってよりよい人生を送るために大切なことなので、講師の視点から、部下を支援する面談〜キャリアコンサルティングについて学びましょう。

≫ キャリアコンサルティングについて

厚生労働省の「キャリアコンサルタント制度のあり方に関する検討会」報告書（平成19年）において、キャリアコンサルティングとは、「個人が、その適性や職業経験等に応じて自ら職業生活設計を行ない、これに即した職業選択や職業訓練等の職業能力開発を効果的に行なうことができるよう個別の希望に応じて実施される相談その他の支援」と定義しています。

これまでは、就職活動中や転職を考えている人について行なわれることが多かったキャリアコンサルティングですが、厚生労働省は企業で働いている人にも有効であるとし、平成27年度から「セルフ・キャリアドック制度」と名付けて企業内キャリアコンサルティングの普及促進を図り、この制度に基づき雇用保険被保険者に実施した組織に、一定額を助成するという制度を3年間設定していました。

>>> キャリアコンサルティングのねらい

企業内キャリアコンサルティングの目的は、従業員自身のキャリアについて考える機会を作り、キャリア形成に関する課題認識やキャリアプランの作成、見直しを支援することです。

組織で働く従業員は、年齢、異動、役職変更などに伴って、キャリアの節目を迎えますが、そのつど、目の前の仕事に従事しながらキャリアについて考えるということは容易ではありません。また誰かに相談するにしても、どこに相談すればいいのかわからないという人が少なくありません。

そこで、このキャリアコンサルティングを受けることができれば、「今の自分に何が必要か」、「これからのキャリアプランをどう考えていけばいいか」などを、早い段階で考えることができ、その結果、従業員が主体的に自らのキャリア開発に取り組むようになり、仕事へのモチベーションが向上し、職場の生産性を向上させることができるというメリットが期待できます。

>>> キャリアコンサルティングの特徴

面談と言えば、人事考課のフィードバック面談がありますが、これは、「上司のための時間」で、キャリアコンサルティングは「部下のための時間」と言われます。

見た目は、「上司と部下の一対一の面談」で同じですが、上司が評価の結果を伝え、部下が聞くフィードバック面談と、部下がキャリアについて話し、上司が聴くキャリアコンサルティングとは、中身も結果も違います。

シリコンバレーでは数年前から、1週間に1回のペースで面談を実施する「1ON1ミーティング」が流行り、メディアに取り上げられ、日本にもじわじわと広がっている感があります。

このキャリアコンサルティングを、弊社では狙いを踏まえて二部構成にしています。一部はキャリアコンサルタントの守秘義務を守ったコンサルティングを行ない、二部では企業がよりよくなるためにという目的のもとで、担当者に報告する旨をお伝えした上で、要望や意見を話していただき、組織へ報告する形です。その報告によって、要望などを検討して受検者含め、組織へフィードバックしてもらうことで、まさに「コンサルティング」としての好循環を作り出し、よりよい風土づくりにつなげられています。

>>> ある組織の面談事例～部下面談を定期化

私がキャリアコンサルティングを行ない、変化が表われた事例をあげてみましょう。

そこは、約200名が働く病院で、20名のリーダーを3グループに分けて、リーダー研修を2年間、毎月2時間開催していました。その中で、「面談スキルを上げる」というプログラムの講義を行なった後、「来月までに部下2人に対して、一人15分でいいので面談をすること」という課題を出しました。

そして迎えた、次月の研修でのフィードバック。

それはそれは、大反響でした。「これまで、その部下と10年近く一緒に仕事をしてきたが、あらためて面と向かって話すことで、いかに部下ときちんと向き合って話していなかったかと考えさせられました」、「部下の話を一所懸命聴こうと傾聴力を発揮していたら、なんと2時間になってしまった。しかし、その2時間は今までにない貴重なものになった」と。また、あるリーダーは、自分よりもキャリアも年齢も上の部下（女性）に対して面談を行なったところ、「最初は組織への愚痴やクレームだった話が、ある話題をきっかけに彼女の反応が変わり、感極まって涙を流しながら多くのことを共有し共感でき、今でも驚いています」と。

以来、こういった結果を踏まえて、その病院では年に1回、全部下に対してキャリアコンサルティングを実施するようになりました。

面談チェックシート

• 今年の目標
• 達成状況
• うまくいっている点
• どのような理由からうまくいっていますか？
• うまくいっていない点
• どのような理由からうまくいっていないのですか？
• これから目標達成に向けて何を重視して進めていきますか？

【メモ】

①現在、行なわれている自社の面談について考察する

②2名の部下に対して「面談」（15分／人）を実施する

③キャリアコンサルタント資格者を見つけて取材してみる

8 ▼ 部下育成のポイントを学ぶ

部下育成のために求められることは、いくつもあります。新人で会社に入っても、キャリアを積んで部下を持つようになると、自分の業務の中で「部下育成」がカギとなり、カベとなります。私の研修のメイン対象であるリーダーの多くは、この「部下育成」というカベにぶつかり、日々格闘しています。

それはなぜか？

それは、それまで自分自身の業務に対して、100%頭と体を集中して取り組めばよかったのが、「部下」という他人を、業績面を主に「成長」させなければならない業務が新たに加わり、考えて行動しなければならなくなるからです。

≫ 部下育成の必要性

私自身は、リクルートに入って2年目に部下を持ちました。新人時代は、ちょうどバブルの最盛期だったこともあり、それなりに結果を出していましたが、部下を持つことのプレッシャーは少なからずあったことを覚えています。その部下は、一人でグングン業績を伸ばしてくれて、まさに勝手にやってくれていたと記憶しています。その時の感想は、「これは楽だなぁ」というものでした。

求人広告の営業において大事なポイントのひとつは、クライアントの「求める人物像（＝ターゲットセグメント）」をしっかりと把握しているかどうかです。しかし営業の駆けだしの頃は、申込書をもらったらうれしくて、その後少しだけヒアリングして帰ってきた、ということもけっこうあります。そういった時ほど制作スタッフから、「お客様はどんな人を求めているの？　明るくて元気な人とかだけじゃだめだよ。もう少しちゃんとターゲットを聞いてきて！」と言われる始末でした。そしてリーダーとなったある日、「ニーズがあるクライアントを見つけました！」と言う部下に同行すると、「今のところ求人の予定はないよ」と言われたことがありました。そこで私が「おいおい、ちゃんとニーズを把握してから営業同行の依頼をしないと、お互い売上げが上がらんぞ」と言う始末でした。

組織は、事業継続して成長しなくてはなりません。私の経験談を含めて、上司は部下を持つと、否が応でも部下育成が求められます。そして、そこで部下育成をうまくすれば、組織に対するよい成果が出せます。

部下育成ための三つのポイント

部下は、人であり他人であることを、しっかりと認識して向き合うことが大切です。ややもすると、自分に一番近い存在となり、わがままであいまいな関係になりがちです。ここは、しっかりと心して部下育成に取り組みましょう。

具体的には、「承認する」「評価する」「行動責任を持たせる」ことが大切です。

①承認する

人は、承認欲求の強い動物と言われます。部下に対してうまくいっていることは「よくできた」とほめ、うまくいかなかった場合は、「今後気をつけるように」と注意することが、「認める」ということですが、この「信賞必罰」の姿勢が大切です。

あなたは部下をほめていますか？　あなたは部下を注意していますか？　「ほめて伸びるタイプです」という言葉が流行ったように、部下を叱ることはできても、ほめることが下手なリーダーが多いので、この点も大切です。

②評価する

仕事は過程と結果です。結果（成果）ばかりに目が行くと、「達成した」、「達成しない」と最終点にしか目が行きません。成果はもちろん一番大切ですが、成果を上げるために稼働した過程で「何がうまくいって」、「何がうまくいかなかったのか」を明確に進捗チェックして評価することが必要です。

成果を出そうとして、ゴール（目標達成）に向かって考えて行動したのはあなたの部下です。評価制度がある組織でも、この評価制度が日々の業務と連動していないため、がんばって稼働した部下が評価されない、となるケースも多々あります。

③行動責任を持たせる

前述のように「上司は結果責任を、部下は行動責任が求められる」と言われます。

日々部下は、業績を上げるために、上司に業務行動の指示を受けます。そこでは部下は、上司よりできないことを理解した上で、業務遂行することが求められますから、まずは指示されたように動きます。

たとえば野球において、ランナー1塁のときに、監督がバントの指示を出してバッターがミスをしたら、「監督の責任」となります。サッカーでもチームが負けがこんでくると、「監督をクビにしろ～」と観客が言っているのはよくあることです。ここでは自分でプレーできず（せず）、選手を信じるしかない、という立場が監督であり上司です。上司は辛抱して部下にしっかりと行動責任を持たせることが大切です。

①自分が部下育成した経験を振り返る

②「部下育成がうまい上司」を3人見つけて具体的ポイントをまとめる

③「部下育成のための重視するポイント」を自分なりに三つあげる

9 ▼ アンガーマネジメントを知る

アンガーマネジメントは、「怒り」を制御する心理療法プログラムですが、研修プログラムの打ち合わせ時、「アンガーマネジメントをプログラムに入れてほしい」と言われることが、この2、3年増えてきました。

怒りに出会った思い出

私自身で「怒り」について思い出すのは、大学時代、百貨店のお中元コーナーでアルバイトをしていたときのことです。

あるとき、お中元の受付をしている後輩が伝票ミスを起こし、いつもはバックヤードにいる伝票チェック担当の私が、たまたまそこにいたため後輩と一緒に、そのお客様に怒られました。そのお客さんは60歳ぐらいの女性で、それはそれはすごい形相で、烈火の如く怒り出し、みるみる顔が真っ赤になり、いろいろ言いながら、「どうしてくれるの!!」を連発していました。後輩のミスなので、謝罪しなくてはいけないと謝りながらも、一方で「何で、この人はこんなに怒ってるのだろう。何か別のことでイラッとくることがあったのかな」と、妙に冷静な自分がいました。そして、「大の大人がバイト学生にそんなに怒らなくても」という思いから、

「何かダサいなぁ」という感情が芽生えてきたことを覚えています。

>>> 怒りの構造

怒りとは、何かに反応して呼び起こされる強い感情で、もともと人間が生きていくために欠かせないものだったそうです。

たとえば、敵と相対したとき、戦うか逃げるかの行動を起こすのに大脳辺縁系が活性化して、情動のひとつの怒りが生まれて行動を促し、一方でその情動を抑えるのに、大脳新皮質の中にある前頭葉がコントロールする、と脳科学では考えられています。

この考え方はそうなのだとうなずけても、「生きるために怒ることは不可欠」と言われて「なるほど」と思えない部分がちょっとありますね。

また怒りは「第二次感情」と言われ、他の感情（第一感情／不安、恐怖、悲しみ、恥ずかしさ、寂しさなど）が発生したことを受けて生まれるので、いかに怒りをマネジメントして（取扱い）、コントロール（分散）するかがポイントとなります。

>>> どんなときに、怒りを感じますか

ご自身で、ちょっと振り返ってみてください。

あなたは、どんなときに怒りを感じていますか？

あなたが相手に、「こうしてほしい」とか「こうあるべき」と「あなたが求める理想と現実のギャップ」を感じたときに怒りが発生しているはずです。いかがでしょうか？

また怒りは、「身近な対象ほど強く現れる」、「エネルギーになる」、「伝染しやすい」性質があります。

「身近な対象ほど強く現れる」対象は「家族」です。私にも、娘が二人いますが、「なんで言うことを聞かないんだ！」と、長女が小さな頃は、とくにアツくなっていました。やはり一番身近な相手（妻や子供）には、自分のことを誰よりもわかっていてほしいと期待します。そこで、「わかっているだろう」という考えのもと行動し、疑問を感じたり、違和感を覚えた場合、「なぜ？」となります。その違和感が悔しさや怒りに変わり、「エネルギーになる」こともあります。

＞＞＞怒りをコントロールする方法

日々の生活でも仕事でも、何かと怒りの感情は生まれています。それをどう抑えるか、流すか、忘れるか。忘れることはすぐにはできませんが、抑えることや流すことはできると思います。「怒りをコントロールする」には、脳にある前頭葉の働きが大切ですが、この前頭葉が働き始めるまでは、3～5秒程度かかる、と言われています。

①6秒ルール

そこでよく言われるのが、「6秒ルール」です。6秒我慢すれば、冷静になるということですが、「1・2・3……6秒」と、怒りの感情が出てきたときにはなかなか数えられないので、「一呼吸置いて」、「熱くならない」ということです。

②深呼吸をする

深呼吸をすることで、心身ともに冷静になり怒りもおさまります。「いったん、その場を離れる」、「いったん、別のことを考える」などと合わせて行動すれば、心を落ち着かせることができ、的確な対処もできます。

③体調を維持する

怒りを生まないように日々の生活で意識することは、「体調管理」が一番だと思います。あなたは体調管理をうまくできているでしょうか？　心技体とよく言われますが、私は「体の調子が心と連動する」と思っているので、常に体調を整え、ネガティブな事象にも柔軟に対応できる態勢を常に持つべきと、最後にお伝えしておきます。

①最近自身が怒ったことに対して、「アンガーマネジメント」で捉えて考察する

②アンガーマネジメントの事例について説明できるようにする

③アンガーマネジメントの具体的行動を三つ挙げる

10 ▸ コンプライアンスとは

　コンプライアンスとは、企業・団体や個人が社会活動を遂行する上で、社会との関わりで守るべき法令を順守することであり、行動規範のことです。歴史的には１９６０年代、アメリカで独占禁止法の違反、株式のインサイダー取引事件等が起こった際に用いられた法務関連の用語と言われています。その後日本で、コンプライアンスに注目が集まったのは、企業・団体の不祥事に対するマスメディア、消費者などの批判が高まったことがきっかけでした。

≫ 企業の社会的責任（CSR）の重要性

　企業である以上、売上や利益を伸ばして成長することは当然ですが、単に法律やルールを守るだけでなく、社会における企業の存在意義を示し、環境問題や地域社会への貢献などに自主的に取り組み、ステークホルダー（利害関係者）との相乗利益をあげる経営のあり方が求められています。

　また最近では、企業は個（従業員）の集合体ですから、「従業員一人ひとりのあり方」にまで社会的存在価値が重視され、従業員（個）の「品質（行動規範）」まで求められるようになっています。

>>> コンプライアンスの種類

コンプライアンスにおいて守るべき法令や規則の種類には、「法令規範／法律、条例、国家における規制」、「倫理規範／社会的規範、組織倫理」、「企業規範／社内ルール、就業規則、業務マニュアル」などがありますが、一言でコンプライアンスと言っても、その範囲を定めることは難しく、画一的に捉えることはできません。

また、企業が起こす不祥事（コンプライアンス違反）にはさまざまな要因が複雑にからまっています。コンプライアンスに関わる言葉で、「モラルハザード」や「リスクマネジメント」などがありますが、モラルハザードとはもともと保険が支払われることで注意義務がおろそかになったりすることを意味する保険用語だったものが、社会や企業でも使われるようになっています。一言で言えば当たり前と思われたこと（常識）が崩れ、問題要因のひとつになることで、リスクマネジメントは、リスクを特定・分析し、発生頻度や影響度から評価した後、それぞれのリスクレベルに応じて対策を講じる一連のプロセスのことを言います。

>>> コンプライアンスに取り組む必要性

次ページ図の事例に関しては、その後経営陣の謝罪会見などがメディアに取り上げられ、社外的には二次災害として不買運動や企業の株価が落ちたり、社内的には第三者機関や委員会が設置されて新たなルールを設けたり、今までの規律をより徹底するための教育を実施するな

〈コンプライアンス違反の事例〉

内容	業界
新入社員（当時24歳）が過労自殺した問題で、2016年10月、労働局による本社への一斉立ち入り検査が入った。	広告
主要事業であるインフラ関連工事、半導体、テレビ、パソコンなどの分野で、組織ぐるみで長年にわたり、不正処理によって、利益の水増しが行なわれていたことが明らかになった。	電機メーカー
アルバイト生が一度廃棄したものを商品として調理し、その一部始終が映像としてSNSで拡散された。	飲食チェーン
同社製自動車で燃費を実際よりもよく見せるためにデータを改ざんしていたと発表した。	自動車メーカー
医療業界に特化したサイトを作成公開したところ、「根拠のない誤った内容が含まれている」「著作権侵害」などの問題が発覚し非公開にした。	IT

ど、組織に大きな負荷がかかったものばかりです。このように一度、企業が不祥事を起こすと、通常業務に加えて、このような対策実施により、従業員が疲弊し、現場のモチベーションが低下し、ひいては退職する従業員まで出てくることもあります。

これらの事例とその後の結果より、企業はコンプライアンス違反を犯してしまうと社会的制裁からさまざまなダメージを受け、最悪の場合、倒産に至ることもあります。このような事態にならないため、組織としてコンプライアンスを遵守する体制づくりが求められます。組織で働く一人ひとりの心構えから、業務を行なう行動に至るまで、規律をもった行動が求められます。具体的には就業規則や業務マニュアルなどの見直しや、日々の行動管理まで行なうことで、コンプライアンスを維持強化することにつながります。

>>> コンプライアンス遵守の体制づくりにむけて

企業価値の増大や企業の不正行為の防止などの企業統治する体制のコーポレートガバナンスの例としてリクルートを見てみると、ホームページ内に「事業継続に不可欠な経営基盤の強化による社会への価値提供を目指して、リクルートグループでは体制を整え、目標もって活動に取り組んでいます」と題して、コーポレートガバナンス、内部統制、コンプライアンス、リスクマネジメント、知的財産の保護、情報セキュリティ、経営理念ができるまで、倫理綱領、税務ポリシーと9つの項目に分けて企業統治する体制を公開しています。

この例からもコンプライアンスへの取り組みとして、社外に対しては取り組みのＰＲや、社内ではトップの号令の下、現場の管理体制づくりや問題発生時の社内外への対応などをまとめた「マニュアル」などを作成しておくことが大切です。

①コンプライアンスの必要性を理解する

②自社でのコンプライアンス遵守レベルをチェックする

③コンプライアンス遵守について総務担当に取材する

おわりに

最後まで私の本を読んでいただきありがとうございました。

いかがだったでしょうか？

最後を迎えて、まずは何より同文舘出版株式会社の古市達彦編集長に、多大なるご支援ご指導いただいたことに深く感謝いたします。文章の仕上げにかなり時間がかかったり、時に言うことを聞かなかったりと、本当にご迷惑をおかけしてばかりだったと私自身感じています。その分、書き上げて本になった今の気持ちは言葉にできません。重ねてありがとうございます。

また出版のきっかけとなる「出版会議」にお誘いいただいた米満和彦さん（株式会社ザッツ代表取締役）、辻山敏さん（ピンカンパニー代表）にも感謝いたします。

お二人からタイミングよくお声かけいただいた「出版オーディション」

あれは２０１８年３月でした。

出版オーディションの会場には来福された古市編集長が真ん中に座り、両サイドには著者や出版に興味ある人たちが並び、日頃人前で話すことには慣れていたものの、あの時のプレゼン15分は長く感じました。そして編集長に開口一番「なんか面白くないな」と言われショックを受けましたが、その後「髙尾さんは東京に来られますか？」と問われ、即答してから出版の道が開かれました。

そして数ヶ月後の社内会議でなんとか企画が通過。この時編集長から受けた電話は、合格発表もので久しぶりにヒリヒリしました。

それから執筆スタート。

一章から三章までは結構短時間で一気に書けたものの、四章からが書けず。仕事が……とかいろいろ言い訳はありますが進まない。そんな「執筆イップス？」に陥って「書かない三銃士」などの不名誉な称号をいただいたりしながら、なんとか脱稿し、そして初校のチェックから最終校までたどってやっと出版に至ることができました。

という私の初の出版の経験でしたが、あなたも出版してみませんか？

前述のとおり、出版プレゼンを経て、社内会議を通過し、自身で文章を完成させれば、あなたの本が世に出ます。著者仲間の藤木雅治さん（株式会社フリーライフスタイル代表取締役）は「本を出すと人生が変わります」と言っています。

本を出版する方法はいくつもありますが、同文舘出版さんのおかげで商業出版という、「自分の時間を使えば、費用はかからない」方法で出版ができます。もちろん、それまでの道のりは楽ではありませんが。この本を手に取り、ここまで読んでくださったあなたもぜひチャレンジする気持ちがあれば同文舘出版さんの扉を叩いてください。

「自分に起こるすべては自分にとってベストタイミングだった」

これは私が落ち込んだときに手に取った写真集にカメラマン・タクマクニヒロさんが書かれていた言葉です。

この言葉、私のお気に入りで、弊社ハガキのタクマさんのひまわりの写真にこの言葉を載せています。

株式会社ライズも、ちょうどこの6月で設立して10歳になりました。これも、現社員で日々頑張ってくれている川島よう子をはじめ、これまで弊社のために尽力してくれたスタッフ、提携講師、キャリアコンサルタントの方々、そしてこれまでお付き合いいただいたクライアントの方々のおかげだと思っております。この場を借りてあらためて、感謝いたします。

最後に、今でも元気な体に育ててくれた父と母、アニキ博、妹典子、そしていつも私にパワーをくれる長女梨紗、次女紗弥、そして可愛い二女とともに陰ながらこんな私を支えてくれている妻由美に、感謝いたします。

○感想文の送信先「info@rise-f.net」

著者略歴

髙尾　英正（たかお　ひでまさ）

株式会社ライズ　代表取締役

1966年福岡県生まれ。

1989年、西南学院大学法学部卒業後、㈱リクルートに入社。求人広告の法人営業職、営業部隊の支援管理職、じゃらん事業部での渉外職に就く中、複数の部署にて研修のオブザーバーから講師として営業力アップやコミュニケーション力アップをテーマとした講座を展開。その後スポーツジムの経営、地元広告代理店で取締役統括部長として組織作りに携わり、4年で業績3倍に貢献。

2009年、㈱ライズを創設し、1年後に法人化。教育研修事業を中心に就職支援事業、広告事業の3事業部を展開。「実践につながる内容とアウトプットするプログラム」により「現場で活かせる」研修を企画運営中。国家資格キャリアコンサルタント、SDGsビジネスコンサルタント、メンタルヘルスマネジメントⅡ種取得。

福岡県中小企業家同友会会員。㈵日本キャリア開発協会会員。

趣味はスポーツ観戦やマラソン。マラソンはこれまで70回を超える大会に出場。

中小企業のための　社内研修の効果的な進め方

2020年9月1日　初版発行

著　者 —— 髙尾英正

発行者 —— 中島治久

発行所 —— 同文舘出版株式会社

東京都千代田区神田神保町1-41　〒101-0051
電話　営業03（3294）1801　編集03（3294）1802
振替00100-8-42935
http://www.dobunkan.co.jp/

ISBN978-4-495-54062-3

印刷／製本：萩原印刷

Printed in Japan 2020